D1872492

Nenning

Mehr Opium, Herr!

MEHR OPIUM, HERR!

GÜNTHER NENNING

RÜCKWEGE ZUR RELIGION

Patmos Verlag Düsseldorf

Die Deutsche Bibliothek – CIP-Einheitsaufnahme

Nenning, Günther:
Mehr Opium, Herr! : Rückwege zur Religion / Günther
Nenning. – 1. Aufl. – Düsseldorf : Patmos-Verl., 1995
ISBN 3-491-72339-6

© 1995 Patmos Verlag Düsseldorf
Alle Rechte vorbehalten
1. Auflage 1995
Umschlagbild: © Borislav Sajtinac
Satz: Utesch Satztechnik GmbH, Hamburg
Druck und Verarbeitung: Lengericher Handelsdruckerei, Lengerich
ISBN 3-491-72339-6

Inhalt

Vorwörter

I. LESEN

ICH SITZ im »Schwarzen Adler« in Mariazell, zu Weihnacht, jedes Jahr. An den Tisch kommt ein junger Mann. »Es ist mir herzlich ernst«, sagt er; das ist der Titel meines Buches vor diesem hier. »Schöne G'schichten«, lacht er. Eisenbahner sei er. »Schicken's doch Ihr neues Buch nach Gollrad«, sagt er leutselig.
Gollrad ist ein ganz kleiner Ort bei Mariazell. »Sie brauchen kein' Namen, weil ich bin der einzige, was in Gollrad Ihre Bücher liest.«
Stolz sei der Autor, eitel und gut. Der Mann kriegt das Buch. »Herrn Eisenbahner, der meine Bücher liest. A 8630 Gollrad b. Mariazell.«
Psychologisch gesehen – sagte meine Lebensfreundin – halte sie diese Einleitung für falsch. Die Leute kriegen ja den Eindruck, du hast nur einen einzigen Leser, und den in Gollrad bei Mariazell.
Gollrad ist überall, blähe ich mich. Außerdem: Der Autor kann dem Leser nur einen einzigen Gefallen tun: ihn nicht beachten.
Ich schreibe, wie ich schreibe, der Leser bleibe mir vom Leibe. Ich will nicht, daß er mich kritisiert, und schon gar nicht, daß er mich liebt.

Psychologisch gesehen – sagte meine Lebensfreundin – ist das schon wieder falsch.
Beuve-Meury – donnerte ich –, der große Autor und Journalist, Chefredakteur von »Le Monde«, pflegte in der Redaktionskonferenz zu donnern: Unsere Auflage ist schon wieder gestiegen, wir müssen etwas falsch gemacht haben.
Du wirst es schon richtig machen, lachte sie weise. Aber ich war nicht mehr zu halten.
Der Leser, schrie ich, ist ein Masochist. Man muß ihm Saures geben. Wenn ihm meine Ansichten über Religion nicht passen, soll er halt das Papstbuch lesen oder den neuesten Tausendseiter von Drewermann oder sich gleich direkt zum Teufel scheren.
Ich schreibe ein Unsachbuch für ein Unpublikum – einen erfolgreichen Worstseller.
Undankbar schmiß ich mein Weihnachtsgeschenk, ich hab natürlich schon vor der Bescherung hineingeschaut: »3-D-Art« – in die Luft. Na soll ich vielleicht, fing ich es sorgsam wieder auf, einen Bestseller schreiben »3-D-Gott«, wo der Leser seine Nase hineinsteckt, bis sie anstößt, dann entfernen Sie langsam das Buch wieder von sich, und plötzlich siehst du den lieben Gott.
Er sah mich an und sagte: Ja, es muß wieder mehr erfolglose Bücher geben. Eine Worstseller-Liste. Überhaupt, was sich in der Medienszene abspielt, ist skandalös.
Mach eine Sintflut, bat ich.
Erwartungsgemäß lehnte er ab. »Ich werde nicht fortfahren zu verfluchen die Erde wegen des Menschen« (1. Buch Mose 8,21). Gott blieb bei seiner einleuchtenden Begründung, daß es nichts nutzt, »denn der Sinn des Menschen ist und bleibt böse«. Erst recht der Unsinn der Medienwelt.
Ich schimpfte noch mächtig auf den Medienkretinismus, die TV-Sintflut, die die Menschheit überschwemmt mit Blöd-

sinn, Mord, Totschlag, Gewalttat, Vergewaltigung und Reklame für lauter unnützes Zeug. Aber es überzeugte Gott nicht. Fromme Worstseller schreiben ist ja nur mein Hobby, von Beruf bin ich selber Medienkretin, TV-Kasper.
Na eben, drum weiß ich, wovon ich rede.

II. JAULEN

MORGEN KOMMT das Christkind, und heute habe ich Geburtstag. Da leiste ich mir was. Es muß doch zwischen A und C ein B geben. Zwischen A. dem Papst und C. dem Drewermann, beide gleich päpstlich, pfäffisch, skandalös (Skandalon, biblisch: Provokation, Herausforderung), B: Die Wiederkehr der wahren Religion – ein B-Picture.
Der Papst verengt Religion auf Ruhe und Ordnung. Alles, was die Progressiven gegen die Konservativen sagen, stimmt. Der Drewermann verengt Religion auf Psychoanalyse und Sozialismus. Alles, was die Konservativen gegen die Progressiven sagen, stimmt.
Religion muß ein B-Picture sein für die einfachen Leut'. Die Leut' halten sich weder an die finstere Strenge der Konservativen noch gar an die finstere Strenge der Progressiven, sie sind halt *zwischenreligiös.*
Alles, was die Leut' glauben, ist, daß da was sein muß, hier und dort. Sie glauben an tausend Geschichten und tausend Bilder und fünftausend Götter (soviel Heilige gibt es zirka in der katholischen Kirche; ungerechnet die in der Bretagne, das sind nochmals 5000).
Natürlich gibt es außer den Leuten, die halt glauben, auch Leute, die halt nicht glauben, natürlich. Aber kaum brauchen sie Hilfe – glauben sie. Kaum sind sie b'soffen, glauben sie. Sie sehnen sich.

Ich möchte Theoretiker dieser Praxis sein; Demotheologe, *Deopopulist.* Welche Marktlücke!
Wahre Religion ist jene, die Konservative und Progressive, Fromme und Atheisten gleichermaßen zum Jaulen bringt.
Nun jault mal schön.
Na, wer wird schon groß jaulen? Die Leut' sind heut' alles gewöhnt. Immer übertreibst du – sagte die Freundin meines Lebens.
Na mehr hat sie nicht gebraucht. »Wie soll man seine Substanz vortreiben in geistige Begriffe, wenn nicht durch Übertreibung? Nur so werden sie sichtbar.« – Zitierte ich Gottfried Benn.
Genug Benn-Zitate, der Mann ist 1933 (fast) ein Nazi geworden, entschied sie.
»Stil ist Übertreibung«, bennte ich ein letztes Mal; der Mann war Dadaist. Und bot ihr gleich zur Versöhnung ihren Lieblingslinken: »Ich habe das Düstere übertrieben, der Maxime folgend, daß heute überhaupt nur Übertreibung das Medium der Wahrheit sei«: Adorno, Eingriffe.
Gleich noch zwei Raketen, eine progressive, eine konservative. »Das richtige Maß Übertreibung kommt der Wahrheit am nächsten«: Faßbinder, Der Müll, die Stadt und der Tod. – »Eine gute Geschichte ist ohne Exaggeration selten erzählenswert«: Goethe, Die guten Weiber.
Da nahm sie den Zettelkasten und schmiß ihn mir an den Kopf. Nun jaul mal schön, sagte sie.

III. FRÖMMELN UND KETZERN

DIE KINDER beim »Ihr Kinderlein kommet« haben falsch eingesetzt. Sie haben zum ersten Mal Flöte geblasen. Es war perfekt unvollkommen. Zur Christmette läuten die Glocken

eine volle halbe Stunde, wir gehen nicht, in der Kirche ist geheizt, aber eiskalt.
Wer prophezeit, kann gar nicht Unrecht haben, er muß nur Geduld haben und warten, bis die Stunde seiner Wahrheit kommt. Unser postmodernes Zeitalter ist ein *präreligiöses.* Auf den Papst und Drewermann folgt eine Wiederkehr wahrer Religion.
Wahre Religion frömmelt und ketzert.
Wenn derzeit Meinungsumfragen gegen mich sprechen – nämlich vom *Absterben* der Religion –, desto schlimmer für die Ziffern. Sie bleiben zurück hinter dem Vogelflug meiner Vorhersage.
Na sehen Sie sich doch die Kirche an – ich weigere mich. Freilich haben Kirche und Religion heftig miteinander zu tun. Aber meine Vorhersage bezieht sich nicht auf Kirchlichkeiten und Konfessionen, sondern auf Sehnsucht.
Wo Sehnsucht ist, folgt Religion.
Auch läßt mich die Statistik nicht gänzlich im Stich. Zeichen von Sehnsucht gibt's sogar in der Kirche. Ein Umsatzplus von 40% (1993) verzeichnete der Priesterausstatter Meikisch in Wien; vor allem junge Priester legen wieder Wert auf standesgemäße Kleidung, meldete Meikisch. Und IMAS Linz meinungsforschte bei 1100 Befragten (1994): 52% sind »umweltbewußt«; 47% »heimatverbunden«; immerhin 22% bezeichnen sich als »religiöse Menschen«. Toller noch: 45% glauben an ein »Leben nach dem Tode«. Rätselhafterweise glauben auch 40% »Religionsferne« an das ferne Jenseits.
Auf so religionsnahe Weise religionsfern – das scheint österreichisch. Es gilt aber auch gemeineuropäisch. Auch da lautet die richtige Frage: Glauben Sie an Gott, wenn nein, wieso trotzdem? – »Wie Europa lebt und glaubt« heißt der gewaltige Ziffernberg, den Paul M. Zulehner aus den Jahren 1970 bis

1990 häufte, Professor in Wien für Pastoraltheologie und Religionssoziologie. Religionssoziologie ist die Kunst, von Gott zu reden, ohne irreligiöse Gefühle zu verletzen; eine höfliche Wissenschaft. Zulehners Ziffern kondensiere ich zu folgender Vereinfachung:

Postmaterialistisch ist Europa schon; von 1970 bis 1990 rutschte der Satz »Das Wichtigste ist der Wohlstand« von 43 auf 17% der Befragten, damit auf die letzte Stelle einer achtstufigen Werteskala.

Postchristlich ist Europa bald schon. Im erwähnten Zeitraum sank der Satz »Das Wichtigste ist an Gott glauben« von 67% (2. Stelle) auf 50% (4. Stelle). Den Gottesglauben überholten »Kinder haben« (64%) und »Freunde haben« (57%).

Postreligiös ist Europa nicht. Fragt man nicht, ob Gott das Wichtigste ist, sondern bescheidener: Ob man an ihn glaubt, antworten 78% mit Ja (1990). Eine Mehrheit glaubt auch noch an die Seele (61%) und sogar an die Sünde (58%).

Postmaterialistisch; bald postchristlich; nicht postreligiös: Da wir nicht wissen, was Europa ist, definieren wir, *wohinter* es ist. *Post-* ist die wichtigste europäische Vorsilbe.

Eine schmale Basis für Religion. Das Meiste, was herauszuholen ist aus den Leuten, lautet so ungefähr: Na ja, das Wichtigste ist der liebe Gott nicht, andererseits glaube ich an den lieben Gott schon, aber ja, auch an die Seele, an die Sünde, und weißgottwasnoch, an irgendwas muß man ja glauben.

Wir sind im Zeitalter der Gotteswurstigkeit, aber noch nicht im postwurstigen Zeitalter. Wer Gott für einen zornigen und gerechten hält, kann aus obigen Ziffern und Fakten ablesen, daß Gott noch nicht genug zugeschlagen hat. Einundvierzig Kriege, die's gegenwärtig gibt; Tausende Menschen, die in den Sekunden, da dies gelesen wird, Hungers sterben; Chaos aller Sorten in Politik, Ökonomie, Kultur; Aids; Wiederkehr der alten Seuchen (Tuberkulose, Pest, Cholera usw.); die gegen-

wärtigen Verheerungen der Natur; die künftigen, noch größeren durch Gentechnik – bald müßte es reichen für Wiedergeburt von Religion aus Gottlosigkeit.
Ich kann mich irren. Wahrscheinlicher ist unser Untergang. Aber Optimismus muß irrtumsfreundlich sein, sonst ist er keiner.

IV. BUMSEN

EINEN SO SCHÖNEN CHRISTBAUM haben wir schon lang nicht gehabt, einen lebenden Baum: in einem großen Kübel mit Erde, drüber ein Leintuch, daß es schöner ausschaut. Eine gewöhnliche Fichte, wir gießen sie oft, sie ist vor lauter Lebenskraft ganz stachlig, man tut sich ordentlich weh beim Anbringen der Kerzen und des Schmuckes.
Zuoberst kommt ein gläserner Christbaumspitz, lila!
Wo Kitsch ist, ist Rosegger nicht weit, ja, da is er schon, Peter Rosegger, »Weihnacht«, in Weihnachtspapier mit lauter Weihnachtsmännern. Es nutzt nix, Kitsch ist der Kunst überlegen. Er ist einfach lebensnäher.
Rosegger wünscht uns »ein funkelnagelneues, ein glückseliges neues Jahr, eine Zeit göttlicher Weltfreudigkeit«. Der Mann ist funkelnagelneu genau. Religion ist göttliche Weltfreudigkeit.
»Ithyphallisch« nennen es die Gelehrten, und es ist ein religiöses Ereignis: »phallustragend«. Götter, tier- und menschengestaltige, rennen herum mit erigiertem Glied quer durch die Religionsgeschichte und fühlen sich wohl dabei.
Dito Göttinnen, die ihre Brüste und Vulven weisen.
Wer behauptet, daß dies mit Wiederkehr von Religion nichts zu tun hat, lege spätest hier dieses Buch aus der Hand.
Danke.

Wer von Sexualität spricht, ist aufgeklärt, wer von Religion spricht, nicht. Von der Identität beider weiß keiner was. »Geil, so was gibt's bei uns nicht«, sagte die Touristin zum Touristen beim Anblick der Tausenden bumsenden Göttinnen und Götter altindischer Tempel. Ist ja gar nicht wahr. Wer offenen Sinnes katholische Kirchen betritt, sieht ganz schön viel nacktes Fleisch und allerhand Wollust aus eingebohrten Pfeilen und sonstiger süßer Marter.
Das ist der Unterschied: Im Morgenland ist die Lust sanft, im Abendland läuft nichts ohne Gewalt. »Es ist sonderbar«, notiert Novalis um 1800, »daß nicht längst die Assoziation von Wollust, Religion und Grausamkeit die Leute aufmerksam auf deren innige Verwandtschaft und ihre gemeinschaftliche Tendenz gemacht hat.«
Die katholische Kirche ist eine strenge Kammer. Verpönt ist nur unschuldiger Sex. Jesus Christus, Gott der Liebe, kriegen wir nur auf dem Marterholz, seinen Propheten Johannes nur mit dem Kopf auf der Silberschüssel. Höchst kundig aller Lüste, macht die katholische Kirche die Keuschheit zur göttlichsten Spielart der Geilheit.
Sex *war* modern. Postmodern ist Non-Sex. Der Abstieg von der Sinnlichkeit zur Sexualität und von der Sexualität zum Sex setzt sich logisch fort. Vom modernen Sex zum postmodernen Non-Sex ist's nur noch ein Schritt.
Sinnlichkeit, allumfassende, göttliche, menschliche, tierische, wird dem Menschen aus- und abgetrieben. Sex wird ein Video-Monopol, Fortpflanzung ein ärztliches Monopol. In-Vitro-Fertilisation, Gen-High-Tech, Geschäfte mit fremden Samen und fremden Gebärmüttern, alle die Ausgeburten der Phantasielosigkeit des Homo postmodernus idioticus – haben zur Voraussetzung, daß es den Menschen nicht mehr freut. Er dankt ab.
Wir, von Gottes Gnaden Königin und König der Sinnlichkeit,

sind Demokraten, und gute Demokraten pfuschen der freien Wirtschaft nicht drein. Es selber machen ist Schädigung der boomenden Elektronik- und boomenden Medico-Industrie. Boom, boom, nicht bums, bums.
Das ist die Chance der Religion. Die Trennung von Heiligkeit und Sinnlichkeit, Religion und Erektion – steht am Beginn ur-modernen Unheils. Getrennt verkümmerten beide. Nachdem der Kapitalismus die Sinnenlust zugrundegerichtet hat zugunsten der Geldlust, ist die Rückkehr der Sinnlichkeit zur Religion auf der Tagesordnung. Die Lust, bedrängt von der Industrie, landet im Heimathafen Religion.

V. ZWEIFELN

WIR WOHNEN in Mariazell so, daß beide Fenster unseres Zimmers ausgefüllt sind von der gegenüberliegenden Wallfahrtskirche. Die sehr große Basilika beherbergt die sehr kleine Statue der Muttergottes mit Kind. Ihr Gesicht ist nicht eigentlich schön, sie hat ein ernsthaftes Lächeln, manchmal schaut sie hexenartig. Meist sind sie und ihr Kind bis auf die Köpfe verdeckt durch prunkvolle, mit Gold, Silber und Edelsteinen bestickte Gewänder.
Maria – eine Karriere; vom Fast-nicht Vorkommen in der Bibel zur Himmelskönigin voll Power. In der Sonntagsfrage »Wen würden Sie wählen, wenn …« verwiese sie den lieben Gott glatt auf den zweiten Platz. Maria darf alles und muß gar nichts. Die tollsten Mariengeschichten stehen bei Günter, Die christliche Legende (1910).
Im Wald kam ein junger Mann an einer Marienstatue vorbei. Übermütig steckte er seinen Ring an den Finger der Maria. Er vergaß und heiratete eine andere. Maria aber legte sich ins Brautbett zwischen die beiden. Das war dem Ehemann so

süß, daß er seine Frau verließ und doch Maria heiratete: er wurde Mönch. Maria kam jede Nacht zu ihm in die Zelle.
Der Dieb Eppo pflegte vor jedem Raubzug Maria zu grüßen. Man fing und henkte ihn. Aber Maria steckte ihre Hand zwischen Dieb und Strick. Nach zwei Tagen hing er noch immer ganz lebendig am Galgen. Da wollte man ihm die Kehle durchstechen. Maria hielt die Hand vor. Da ließen sie ihn laufen. Der Dieb dankte Maria desto inniger vor jedem neuen Raubzug.
Das ist Religion! Das Heilige schließt das Unheilige mit ein; das Unheilige ist nur eine von vielen Spielarten des Heiligen. Das Paradoxe ist Teil des Orthodoxen.
Der Sabbat – vermuten manche – sei ursprünglich ein großer Unglückstag gewesen. Deswegen durfte an ihm nicht gearbeitet werden; der Unheilstag wurde zum heiligsten Tag.
Sicher ist, daß bei den Römern *»religio«* auch Unheil, Frevel, Fluch bezeichnete – wie weise.
Als Beispiel gibt mein alter George, Lateinisch-deutsches Lexicon, 1862: »Templum religione liberare« – »Den Tempel von Religion befreien« – Herrgott, ein ganz moderner Satz (von Livius), ein Reformprogramm, gemeinsam für Atheisten und Gottesfürchtige.
»Fluch« heißt »Religion« auch in Georges Beispielen: »contractus religione«: »von Religion befallen« – »religio inexpiabilis«: »unaustilgbare Religion«. Die Beispiele sind exakt doppeldeutig.
Auch der Islam läßt uns nicht im Stich: Heute ist er für abendländische Dummis identisch mit »Fundamentalismus« – in seiner historischen Fülle aber hat er uns zu bieten (gefunden bei Idries Shaw, The Way of the Sufi, New York 1970):
»Solange nicht Moschee und Minarett zerfallen sind, ist unsre heilige Arbeit nicht getan. Solange nicht Glaube Ablehnung wird, und Ablehnung Glaube, solange wird es keinen wahren

Moslem geben«: Sufi (Mönch) Abba Said Ibn Abd Il Khair, um 1000 n. Chr.
Dicke alte Bücher helfen fast immer. Der erste Moderne, der zugleich glaubte und ablehnte, zugleich Christ und Atheist war: Charles Baudelaire; in seinem Tagebuch steht (um 1860): »Selbst wenn es keinen Gott gäbe, die Religion wäre immer noch Heilig und Göttlich« – beides mit Großbuchstaben. »Gott ist das einzige Wesen, das, um zu herrschen, nicht einmal des Daseins bedarf.«
»Christentum und Leugnung des Christentums berühren einander«, notierte Samuel Butler (»Der Weg allen Fleisches«, 1887). »Es ist ein Streit um Worte, nicht um Tatsachen. In Wirklichkeit haben die katholische Kirche und die Freidenker dasselbe Ideal und vereinigen sich im Gentleman.«
Gentlemen sind Kirchler und Ketzer, Konservative und Progressive, Gläubige und Atheisten – zum größten Teil nicht. Auch Jesus Christus war kein Gentleman.
Gar säuisch grunzte die fromme Phantasie großer Kirchenväter: Ihren falschgläubigen Feinden ließen sie auf dem spätantiken Plumpsklo die Gedärme platzen, worauf die Irrlehrer in die Scheiße geplumpst und drin ersoffen seien. – Welche Phantasie aber vermöchte heute ein Mega-WC zu ersinnen, worin gottlose Globuszerstörer gleichermaßen umweltfreundlich entsorgt würden?
»Herr, ich glaube; hilf meinem Unglauben«, steht geschrieben (Lukas 11,2). Dem Ungläubigen hilft Gott, indem er ihn mit dem Gläubigen sensationell gleichstellt: Glaubenden wie Nichtglaubenden ist Gott gleichermaßen verborgen. Genau im Zweifel unterscheidet sich der Gläubige nicht vom Ungläubigen.
Umgekehrt. Der glühende Atheist, der Gott ständig angreift, ist näher dran als der laue Christ.
Franz Kreuzer. Österreichs umweltbesorgter Ex-Umweltmi-

nister, hatte die unministerielle Idee, man müßte heute einen umgekehrten Faust schreiben. Prolog im Himmel: Der Teufel auf Gottes Thron.

GOTT:
Von Zeit zu Zeit seh ich den Teufel gern
Und hüte mich mit ihm zu brechen.
Es ist gar nett von diesem hohen Herrn
So menschlich selbst mit Gott zu sprechen.

Der Einschluß des Unglaubens in den Glauben ist bestens dokumentiert in der prominenten Zugehörigkeit des Teufels zur Familie Gottes. Er gehört zu den Söhnen Gottes, er ist der Bruder Christi, sogar der ältere, vermuten Kirchenväter.
Dann paßt auf besondere Weise, daß Christus nach vollbrachtem Kreuzestod statt in den Himmel vorerst drei Tage auf Besuch in die Hölle fährt, zu seinem verlorenen Bruder, dem Teufel.

VI. SEHNEN

DIE MARIAZELLER MUTTERGOTTES ist aus Lindenholz, um 1200, einfache Farben, umgeben von habsburgischem Glanz: silberne Säulen mit goldenen Kapitellen, Silberwölkchen und goldene Strahlenkrone. Englein überall, total kunstvoll schwebende, erfreulich wie edles Tafelsilber. Ach, auf lockend gepolsterter Betbank – wieviel Anläufe vom Hübschen zum Heiligen.
Wohin läuft er – dein Wille zum Worstseller, Koketterie? Gekränktheit?
Wohin verläuft sich dein Weg ins Positive, prekär gewonnen aus doppelter Negation. Nicht Papst, nicht Drewermann? Die Herabwürdigung des einen ist die Aufwertung des ande-

ren. Steht nicht der ehrwürdige Papst hoch über dem Psychoanalytiker? Steht nicht das pausenlos Bücher ejakulierende Zeitgeistgenie hoch über dem hilflosen Greis?
Und von deiner »Religion der Leut'«, die nicht päpstlich ist und schon gar nicht progressiv – Demotheologie, Deopopulismus – wie weit ist's von da nach dort, zur Wiederkehr wahrer Religion?
Wohin läuft Dein Post-, Post-, Post-? Postmaterialistisch, aber auch postchristlich. Postwurstig, aber erst präreligiös. Gut, diese Zeit der Gotteslästerung ist auch die Zeit der Sehnsucht. Wie aber den Tiger Sehnsucht beim Schweif fassen – beim verkehrten Ende, Wortdrechsler!?
Wohin läuft Deine Religion gleich Weltfreude? Religion ist intensivstes Leben; Sinnlichkeit und Heiligkeit; Religion und Erektion: So ähnlich sagt's der Jungpfarrer auch, wenn er die Anführerin der Pfarrjugend herumkriegen will. Religion der versunkenen alten Völker und der zerstörten Naturvölker – die hatten das alle so drauf. Maria, die große Mutter und Geliebte. Aber wie gelange ich von der Religion, die sehr praktisch die Geilheit miteinschließt, zur Religion, die alle Geilheit übersteigt?
Und wie krumm oder grad verläuft dein Weg von der Religion, die sehr praktisch ihre Ablehnung miteinschließt, zur Religion, die den Unglauben aufhebt: in sich bewahrt; emporhebt; beseitigt?
Der Teufel ist Dir unentbehrlich. Der Teufel ist Engel, sei's auch gefallener. Der Teufel ist Gottessohn – also auch Gott selber. Welch gewaltiger Umweg. Wie gelange ich von der Satanologie, deren Thema Gott ist, über die Theologie, deren Thema der Satan ist, zur Theologie minus -logie, so daß nur Gott übrigbleibt als Thema?
Herrgott, ich weiß das alles nicht. Ich schreibe. Schreiben heißt nicht wissen. Gott lästern heißt Sehnsucht haben.

VII. LÄUTEN

DAS GLOCKENLÄUTEN in Mariazell beruht auf uralten Beobachtungen der Mönche, zu welcher frühen Morgenstunde die Besucher des Gnadenortes am tiefsten schlafen. Genau zu diesem experimentell ermittelten Zeitpunkt – 0530 Uhr – wird geläutet mit heiliger Heftigkeit.

Von da ab wird, von kurzen Pausen abgesehen, die der unerläßlichen Erholung des Fremden dienen, eigentlich den ganzen Tag lang geläutet. Ein Läuten schließt sich ans andere. In den Pausen zwischen dem Läuten der fünf Hauptglocken läuten die zwei Nebenglocken der Turmuhr.

Sollte das ein Hinweis sein auf das schon kurz besprochene Paradoxon, daß „religio" sowohl Frömmigkeit wie Fluch ist (siehe V. Zweifel)?

Aber außer um 0530 mag ich das wilde Läuten. Manchmal, beim Hauptläuten (alle Haupt- und Nebenglocken), läuten meine Fensterscheiben mit. Religion ist Sehnsucht, und wenn die Glocken läuten, sehne ich mich besonders. Ich kann nicht verstehen, warum sich die Leute aufregen wegen zu viel und zu lauten Glockenläutens, d. h. die Aufregung kann ich schon verstehen, ich teile sie, auch mich machen die Glocken aufgeregt, aber eben glücklich.

Daß die Aufregung umkippt in die gottlose Forderung, weniger und leiser zu läuten, verfehlt den eigentlichen Zweck des Läutens, nämlich dem entsetzlichen sonstigen Lärm in der Welt – der Autos, der Eisenbahnen, der Flugzeuge, der allgegenwärtigen Musik aus dem untersten Ladel – entgegenzusetzen den sinnvollen Lärm der Glocken. Ist das sinnlose weltliche Lärmen so laut, muß halt auch der heilige Lärm laut sein.

Es ist im Grunde das gleiche Prinzip – nur schöner –, das in modernen Hotels angewendet wird: Weil das Lärmen der Klimaanlage, der Heizung, der Lifte, der Küche, der Speisesäle so grauslich ist, wird gegengehalten mit ständiger süßer Musik in allen Räumen, insbesondere auf den Aborten. Sensible Leserinnen und Leser kennen die Verzweiflung, nicht einmal auf dem Klo verschont zu bleiben von dieser weltweit einheitlichen Scheißmusik.

In Mariazell ist das Prinzip Lärm gegen Lärm auf die Spitze getrieben und vollendet im himmlisch Absurden. Hier gibt es nämlich kaum irgendwelchen weltlichen Lärm von Autos usw. – dafür desto mehr heiligen Glockenlärm. Der Überschuß wird exportiert. Wieder daheim im Lärmen der Stadt und des Berufes, läuten in mir die Mariazeller Glocken kompensatorisch weiter.

Fortschritte

I. GEHN

Neulich flog ich in meinem geliebten Bett hoch über meine geliebten Alpen. Ein Wintertraum, ein Wintermärchen. In einer ganz normalen Winternacht nächtigten je 20000 Wintersportler in jedem ganz normalen 2000-Seelen-Wintersportort. Auf den ganz normalen Pisten waberte nächtlich noch der ganz normale Tagesdunst aus Zirbengeist, Glühwein und Jagatee. Oben die Sterne, unten die Scheinwerfer der Pistenpflegeraupen. Dumpf dröhnte das ganz normale Dauerfeuer aus den Beschneiungskanonen. Winterschlacht.

Winternacht wie jede andere. Hoteliersgattinnen, genervt vom Schnarchen ihrer Hoteliersgatten, und Hoteliersgatten, genervt vom Schnarchen ihrer Hoteliersgattinnen, öffneten ihre Nachtkastlladeln und griffen sich ihre Tabletten. Es fröstelte sie unter ihrer dünnen Decke aus 5 bis 0 Prozent Eigenkapital, 95 bis 100 Prozent Bankkrediten.

Eine ganz normale Winternacht. Auf der Dorfstraße gröhlten Skandinavos. Yugos, Türkos und Srilankis der nächtlichen Putzkolonne putzten von Hotelfassaden nächtliche Sprühschriften (»Tourists go home«). Ganz anders als in der Nazizeit, wo in etwa denselben Dörfern etwa dasselbe stand (»Juden unerwünscht«). Nur die Schweizer hassen noch heimlicher.

Eine normale Winternacht. In durchschnittlich 7 der durchschnittlich 70 Discos jedes fast normalen Schidorfes prügelten gestreßte Eingeborene ihre gestreßten Gäste und gestreßte Gäste ihre gestreßten Eingeborenen. Mit Blaulicht ins nächste Spital, aber das war längst überfüllt mit leicht und schwer verwundeten Schifahrern und Snowboardern. Allein im Frontabschnitt Tirol fielen 42000 Verwundete und 80 Tote (Saison 1993/94).
Eine normale Winternacht. Ins Hotel heimgetorkelte Discoboarder kotzten in Lifte, Gänge, Duschen oder gleich ins Bett. Entkotzungsgebühren, in der Pauschale oft nicht mehr enthalten, stiegen auf ein Zehntel des Nächtigungspreises.
Eine ganz normale Winternacht. Am nächsten ganz normalen Wintermorgen desertierte ich von der Wintersportfront in einen der ganz normalen Orte, wo alles ganz anders ist – die gibt's! die gibt's! – und zitierte mir in der Stille meinen großen Mitdeserteur und Mitkotzer:
»Weggehn, nichts als weggehn … Wenn man nicht früh genug weggeht, ist es auf einmal zu spät, und man kann nicht mehr weggehn … Dann wird man immer hilfloser und immer schwächer und sagt sich nunmehr immer, man hätte früh genug weggehn sollen, und fragt sich, warum man nicht früh genug weggegangen ist« (Thomas Bernhard, »Gehen«, Erzählung, schon 1971).
Gehn wir also. Voran geht mein Vater. Im großen weißen Winter hält er sein großes weißes Taschentuch an einem Zipfel in der rechten Hand wie eine weiße Fahne. Walther, sagt meine Mutter (beide sind schon lang tot), man muß sich ja für dich genieren, was sollen die Leute denken, immer hältst du dein nasses Taschentuch in der Hand.
Beim Gehn im großen weißen Winter muß man sich eben öfters schneuzen. Da ist ein großes weißes Taschentuch das Richtige. Reine weiche Baumwolle tut der Winternase wohl

und trocknet rasch im Winterwind. Eine weiße Fahne der Trauer.
Wie die Nase so die Blase. Auf gewohnten weißen Wegen weiß ich die schönsten Stellen, mich in die weißen Büsche zu schlagen. Längst verstehe ich die Blasenlust meines Bruders Hund. Seine und meine gelben Spuren im Weiß beseitigen meine Stiefel geschickt durch Überweißen mit Schnee.
Vorbildlich ist mein Hund auch in der Abwechslung von schnell und langsam (Intervalltraining). Daß nur schnelles Gehn für die Gesundheit was bringt, ist ein atheistischer Irrtum. Schlendere mit Gott!
Mein Hund ist ja nicht blöd. Während seine Mitmenschen flitzen, von der Piste in die Discos, von der Disco ins Spital oder gleich von der Piste ins Spital – ist mein Hund der perfekte Kurgast, wie ihn Dr. Sperber charakterisierte, der von Friedrich Torberg verewigte Habitué des weiland kaiserlich salzkammergutischen Heilbades Ischl:
»In Ischeles hab ich noch nie an Touristen sehen gehen schnell.«
Ich bin leidenschaftlicher Geher. In der Leidenschaft ist das Langsame geiler als das Schnelle.
Gehn macht sinnlich. Meine erste Erektion kriegte ich auf der Hohen Wand, unweit Wiens. Durch die steilen Kalkwände führt der »Hanslsteig«, dessen schmalste Stelle, ein Felsenloch, designt scheint vom höchsten Architekten fürs Steckenbleiben kurviger Wanderinnen. Vorne ging mein Vater, hinten meine Französischlehrerin (ich glaube, sie hatten was miteinander), ganz hinten ich. Tatsächlich blieb sie stecken, ganz wie gehofft angesichts ihres Hinterns. Ich mußte ihn fest zusammendrücken, plötzlich ging es.
Gehn in Gottes Natur bringt immer was.
Im Rausch des Schmerzes meiner ersten Nierenkolik ging ich die vielen Steinstufen von Grinzing auf den Wiener Kah-

lenberg. Ein Dutzend Mal hinauf und hinunter, jede Stufe springend, so hart ich nur konnte. Der Nierenstein löste sich.

Als ein Herzinfarkt im Anzug war, ging ich statt ins Spital den unglaublich steilen Weg vom Hallstätter See auf die Hirschauer Alm – der Infarkt kam nicht, er ist weggegangen, ich habe ihn weggegangen.

Bei einem Nichtgeher geht sowas schief, bei einem Geher geht es – sagte mir hinterdrein mein Arzt, selber ein Geher.

Nichtgeher legen sich ins Bett, wenn sie krank sind, Geher gehen sich gesund.

Die liegende, sitzende, fliegende, autofahrende, schifahrende Menschheit ist verloren, die gehende kann gerettet werden.

Geh mit Gott!

II. LAUFEN

Zwar lief ich schon, als Tschoggen noch Waldlauf hieß, nie aber so schnell, wie man lief, sobald Waldlauf Tschoggen hieß.

Der Erfinder des Tschoggens, dessen Namen ich aus Bosheit vergessen habe, es sind mehrere Ix in seinem Namen – starb beim Tschoggen den Herztod, zwischen zwei Auflagen seines Bestsellers, wie gesund Tschoggen sei fürs Herz.

Der Tschogger hat ein verzweifeltes Herz, er läuft vor dem Tod davon, doch der ist schneller.

In den zehn Monaten meines Wiener Arbeitsjahres laufe ich wald in der Stadt. Ich laufe gerade so schnell, daß die Leute glauben, ich gehe.

Am schnellsten laufe ich in meiner langgestreckten Wohnung meine gewohnten Kurzstrecken. Vom Arbeitszimmer in die Küche und wieder retour, 12 bis 14 Mal; vom Arbeitszimmer in die Bibliothek und wieder retour, 36 bis 40 Mal, nein, wohl

öfter, manchmal hab ich einen Schrittzähler umgeschnallt, auf 5 km pro Tag komm ich leicht.
Beim Wohnlaufen schwinge ich wie beim Waldlaufen kräftig beide Arme. Es sieht komisch aus, belebt aber den Kreislauf.
Im Monat meines Kärntner Sommers laufe ich am Weißensee, wenn im Morgennebel die Haubentaucher schwatzen.
Im Monat meines steirischen Winters laufe ich auf dem Sebastianiweg oberhalb von Mariazell von Pilgerstation zu Pilgerstation. Der Schnee ist viel weicher als die Erde und macht kein Kreuzweh.
Altherrenläufe, nicht mehr, aber auch nicht weniger. Beim Laufen geht's letztlich nicht um Gesundheit, sondern um Lebenskunst. Lebenskunst aber ist ein anderes Wort für Religion.
Damit will ich niemandes irreligiösen Gefühle beleidigen, aber derzeit laufe ich eben gerade in Mariazell, im Auge die gewaltige alte Wallfahrtskirche, versteckt im Waldgebirge, vergraben in Schneemassen, und in den Felsenhöhlen des nahen Ötschermassivs winterschlafen die hier heimischen Braunbären. Religion als Lebenskunst.
Zwischen Laufen und Gehen ist bei mir nicht soviel Unterschied. Es ist eine Mischung aus Laufen und Gehen, ein Gaufen und Lehen. Ich stelle mir den Schopenhauer vor, welcher zu Frankfurt am Main täglich einen Geschwindspaziergang absolvierte, zwei Stunden mit seinem Pudel.
Wilhelm Busch hat die beiden abgebildet. Man sieht von ihnen hauptsächlich die Hintern, der Pudelhintern ist entblößt, sein Schwanz mit Quaste ragt quer, der Schopenhauerhintern ist züchtig mit dem Hute bedeckt, aber beider Ärsche sind rund und fest, man sieht ordentlich, wie gesund es ihnen ist, das Spazierrennen.
Ja, der Österreicher mit seiner unentrinnbaren Gemütlichkeit, verbindet spazieren streng idiomatisch gar nicht mit ge-

hen, sondern mit rennen. Er sagt: Rennst schon wieder spazieren? – Spazierrennen zum Vergnügen leitet sich ab von ital. andare al spasso, gehen zum Spaß.

Der Österreicher geht, auch wenn er läuft. Der Deutsche läuft, auch wenn er geht. Wenn ich tschoggen geh in der Früh, sag ich ganz präzise: Ich geh laufen.

Das ist jenes Gehen, von dem Thomas Bernhard sagt: »Es ist ein ständiges zwischen allen Möglichkeiten eines menschlichen Kopfes Denken und zwischen allen Möglichkeiten eines menschlichen Hirns Empfinden und zwischen allen Möglichkeiten eines menschlichen Charakters Hinundhergezogenwerden« (»Gehen«, 1971).

Der heilige Paulus ist eher ein deutscher Charakter, ein Zwängler. »Laufen« ist seine Lieblingsvokabel, wenn er sich rühmen will, wie sehr er sich anstrengt. Den Korinthern empfiehlt er (9,24ff.): sie sollen laufen wie die Läufer im Stadion, damit sie den ersten Preis kriegen, nach monatelangem Training, Fasten, Askese (griechisch »Askesis« heißt ja »Training«, »Asketes«, »Sportler«).

»Nicht daß ich's schon ergriffen habe ... ich jage ihm aber nach ... Meine Brüder! ... ich vergesse, was dahinter ist, und strecke mich nach dem, was da vorne ist, und jage ...« (Philipper-Brief 3,12ff.)

Das ist wunderbar gesagt. Man hört den heiligen Sportler keuchen. Paulus ist ein Hektiker, ein fanatischer Typ, aber er ist derselbe, der das wunderbarste Gedicht geschrieben hat über die Liebe, das je geschrieben wurde (1. Korintherbrief, 13. Kapitel).

»Die Liebe ist langmütig und freundlich, die Liebe eifert nicht ... sie verträgt alles, sie glaubt alles, sie hofft alles, sie duldet alles ...«

Der nervöse Läufer weiß: Langmütiges Gehn ist besser. Gehn ist ein religiöser Vorgang.

Die Gemütlichkeit der Pilger: Wochen und Monate brauchten sie nach Canterbury, nach Santiago de Compostela, auch nach Mariazell ließen sie sich Zeit. Sie wallten.
Wallen ist aber auch ein Leidenschaftswort. Aufwallen, emporwallen. »Aus der Seele tiefstem Grunde haucht sich warm und innig an Pilgerin und Pilgersmann«, denunziert sie der antiklerikale Wilhelm Busch.
Was »wallen« heißt, wissen die Germanisten nicht so recht. Ich glaube, es gehört zu althochdeutsch »wallan«, »heilen«. Dieses steckt in der Heilpflanze »Bein*well*«, auch »Bein*heil*«, ein Kraut gegen kranke Beine.
Wallen ist gemütlich gehn. Gehn ist heilen. Wallen ist emporwallen. Sinnlichkeit und Heiligkeit, Religion und Erektion.
Vom Fenster meines Gasthofes in Mariazell sehe ich die Wallfahrer zum Autobus rennen. Bus raus, Kirche rein, Kirche raus, Bus rein. Die schnellsten und billigsten Busunternehmer schaffen die Mariazell-Wallfahrt in 20 Minuten.
Was hilft's. Alles Laufen ist Anlaufen. Indem du läufst, läufst du an. Wo kommst du schon hin mit Tschoggen? Unter die Dusche und dann zum Frühstück, und du fühlst dich gut, viel besser als ohne Laufen, das schon.
Täglich laufen heißt täglich Anlauf nehmen. Gerade noch umarmst du den Kopfpolster, und plötzlich läufst du (an). Rätselhaft. Zähe, also nicht schnell.
Bei der Metamorphose des Laufens ins Gehen metamorphosiert demgemäß auch der Anlauf in den Angang. Der Angang ist eine sehr alte Angelegenheit, »eine der am weitesten über Zeiten und Räume verbreiteten Erscheinungsformen des Aberglaubens ... Babylonier ... Neuzeit ... Neuseeland ... Deutschland«, beginnt Bächtold-Stäubli, Handwörterbuch des deutschen Aberglaubens, sein diesbezügliches Stichwort, und über 25 Lexikonspalten geht's dahin:
Was einem alles Unglück bringen kann beim Angang, schwar-

ze Katze von links, Draufsteigen auf Kanalgitter, Druntergehen unter Leitern, altes Weib, wenn der Jäger zur Pirsch geht. Aber noch viel schlimmer als mit dem Angang steht's mit dem Anlauf. In der Lutherbibel ist der Anlauf stets mit dem Teufel verknüpft. »Ziehet an den Harnisch Gottes, dasz ir bestehen könnt gegen die listigen Anläufe des Teufels«, schreibt der heilige Paulus den Ephesern (6,11).
Noch ein so aufgeklärter Autor wie Goethe fürchtete sich »vor niemand mehr als vor einem Thoren, der einen Anlauf nimmt, klug zu werden«.
Und Grimms Wörterbuch, in welchem ich obiges nachschlug, ehe ich mich dennoch entschloß für die Thorheit als Lebensprinzip, sagt auch noch: »Anlaufen gilt vom wilden Schwein, wenn es auf das Fangeisen anläuft.«
Ach, ihr wilden Pistensäue, merkt ihr denn nicht, wie ihr anläuft auf das Fangeisen?
Armes Konsumschwein (suus consumens), zieh aus deine lächerliche bunte Uniform, werft eure Kampfstiefel weg, ihr gehbehinderten Schiläufer und Snowboarder, desertiert mit mir von der Wintersportfront!
Seid keine Feiglinge! Wenn ihr euch traut, in den Lawinenhang hineinzuqueren, könnt ihr euch auch trauen, aus dem Lawinenhang wieder herauszuqueren. Ihr habt doch ein Lawinenpiepserl!
Pieps, pieps. Die Lawine kommt. Die Lawine ist schon dagewesen. Ihr seid schon drunter.

III. KREISEN

»Da oben«, sagt der bedeutende Theologe Nestroy (Skizze zur Posse »Höllenangst«, 1849) – »is kein Fortschritt zu hoffen, denn der Fortschritt is eine gerade Linie, aber die himm-

lischen (hier sind in Nestroys Handschrift zwei Wörter unleserlich) gehen alle umundum als wie a Ringelspiel.«
Ja, der Fortschritt ist ein Kreisverkehr, alle Straßen führen quer. Theologie als Ringelspielwissenschaft. »Alles Gerade lügt, alle Wahrheit ist krumm, die Zeit ein Kreis«: Nietzsche (»Zarathustra III«, 1848), auch so ein Ringelspieldenker, Kreis-, Krumm-, Kreuz- und Querdenker.
Ach, der Papst, der arme Rückschrittler (Rede in Turin, an einem Dreizehnten, 13. April 1980):
»Questo orientamento di un progresso gigantesco, che è diventato l'esponente della nostra civiltà, non diventerà l'inizio della morte gigantesca e programmata dell' uomo? ... Il progresso contiene nella sua complessità un potente coefficiente di morte, nasconde in se un gigantesco potenziale di morte.«
»Diese Orientierung eines gigantischen Fortschritts, der ein Exponent unserer Zivilisation ist, wird sie nicht zum Anfang des gigantischen programmierten Todes des Menschen? ... Der Fortschritt enthält in seiner Komplexität einen mächtigen Koeffizienten des Todes, verbirgt in sich ein gigantisches Potential des Todes.«
Das ist einer jener Sätze des Papstes, die mich verführen, daß an diesem Mann was dran ist. Der reaktionäre Papst ist Mitglied der fortschrittlichen Frankfurter Schule (Horkheimer/Adorno, Dialektik der Aufklärung, 1944:)
»Seit je hat Aufklärung im umfassendsten Sinn fortschreitenden Denkens das Ziel verfolgt, von den Menschen die Furcht zu nehmen und sie als Herren einzusetzen. Aber die vollends aufgeklärte Erde strahlt im Zeichen triumphalen Unheils.«
Was für ein unzulässiger Optimist war der Erzskeptiker Nestroy mit seinem Satz: »Überhaupt hat es der Fortschritt an sich, daß er kleiner ist, als er ausschaut.«
Größer ist er, als er ausschaut! »Gigantisch« ist er, sagt der Papst. Der Fortschritt ist ein gigantisches Ei des Kolumbus,

und das Gelbe vom Ei des Kolumbus ist der gigantische Tod. Immer schön gigantisch.
Fortbewegung ist schon ein komisches Wort. Es gibt an, daß wir uns von wo fortbewegen, aber nicht, daß wir uns wohinbewegen. Das ist nicht vertrauenerweckend. Wirklich fortschrittlich müßte Fortbewegung Hinbewegung heißen, Fortschritt Hinschritt, Fortbildung Hinbildung. Wovon bewegen wir uns, schreiten wir, bilden wir uns fort und fort?
Der Weg führt weg, sonst hieße er Hin. Aber von wo weg und wohin? Ach, den wahren Reisenden schert weder Abfahrt noch Ankunft. Die Abfahrt kann man vergessen, das ist ihr Zweck, und die Ankunft ist ungewiß, aber oh, die Reise selbst!
Rousseau, Bruder Leichtfuß, Fußwanderer und Melancholiker (»Bekenntnisse«, 1781): »Lust zu wandeln, ohne zu wissen wohin ... Man müßte ein Narr sein, solches Glück aufzuopfern ehrgeizigen Plänen, deren Gelingen langsam, schwierig und ungewiß ... Nach Herzenslust stürme ich ins Reich der Phantasie und ... weiß nie anzukommen.«
Das Fort-und-Fortschreiten ist eine Lust, der Fort-und-Fortschritt ist ein Malheur.
Das Grimm'sche Wörterbuch – die Wörter konservieren allen Hin- und Fortschritt der menschlichen Vernunft – notiert unter FORTSCHREITEN zwei entgegengesetzte Bedeutungen: »1) procedere, 2) discedere«. – 1) nach vorwärts wohin schreiten, 2) sich von wo wegbewegen. Für 2) bringt Grimm einen Beleg des sächsischen Dichters Johann Gottfried Seume, der schon gegen 1780 ein genauer Kenner der Indianer war:
»Traurig schritt der ehrliche Hurone
Fort von dieser unwirthbaren Stelle.«
Da ist er, der Fortschritt! Nur fort von dieser unwirthbaren Stelle. Traurige Huronen sind wir ...

Von wem schreiten wir eigentlich fort? Wo wir *hin*schreiten, steht täglich in der Zeitung – wir schreiten hin in Zustände, die fortschrittlich zu finden auch dem hartnäckigsten Fortschrittsfreunde täglich saurer wird. Aber von wem schreiten wir fort?

Mir fällt dazu der jüdische Witz ein, wie der kleine Moische, weil sein Rabbi krank ist, ersatzweise in den katholischen Religionsunterricht geschickt wird. Freundlich wendet sich der Katechet am Ende der Stunde an ihn: »Moische, jetzt geb ich dir ein Rätsel auf. Was ist das? Es sitzt auf dem Baum, frißt Nüsse und hat einen buschigen Schwanz?«

Moische, der die ganze Stunde lang nix als vom Jesus gehört hat, sagt: »Also wenn Sie mich fragen, Herr Pfarrerleben, is es a Eichkatzel, aber bei Ihnen is es bestimmt: das liebe Jesulein.«

Richtig, das ist die Antwort. Von dem wir uns fortbewegen, ist das liebe Jesulein.

IV. IRREN

»Wenn alle schlau sind im Land, muß wenigstens einer blöd sein, zum Ausgleich« – maßschneiderte sich Jorge Luis Borges (gest. 1986) seine literarische und politische Rolle; daß der selbsternannte Blödmann dennoch Nationaldichter Argentiniens wurde, ehrt ihn und seine Landsleute.

Blödsinn ist ein Abweichen vom Weg. »Idiot« ist ja griech. der Einzelgänger, Privatmann, frei von staatlicher Norm. Der Blöde kann, darf, soll abweichen, abirren; das ist seine positive Funktion zugunsten der normalen Allgemeinheit.

Der Irre ist einer, der abweicht vom allgemein gegangenen Weg; er ist »deviant«: geht vom Weg (»de via«). Abweichen, Abirren vom Weg ist eine wesentliche Form der Fortbewegung. Der Irre, der Blöde ist der Schwache – die Normalen sind die Starken. Daß der Schwache abweicht, ist seine Stärke und Lust:

»So schritt ich denn«, schwärmt Rousseau von seinen Fußwanderungen, »leichten Fußes dahin ... alles, was ich ringsum erblickte, schien mir Bürge meines nahen Glücks ... Ich verirrte mich denn auch gründlich, verlor wiederholt den Weg, aber es würde mich allzusehr verdrossen haben, geradeaus zu gehen ... absichtlich wandte ich mich von der Straße ab« (»Bekenntnisse«, 1781).

Wage zu irren! Wer sich nie verirrt, findet nie den richtigen Weg. Doch getrost – daß wir uns verirren, findet mit großer Sicherheit statt. Sich vergehen, ist der Witz beim Gehn, und dieser Witz wird erzählt in jeder ordentlichen Biographie eines jeden ordentlichen Menschen.

»Unter den Bedingungen des Lebens könnte der Irrtum sein«, verweist Nietzsche, im Konjunktiv, erstaunlich vorsichtig für den Holzhammerphilosophen (»Fröhliche Wissenschaft«, 1881).

Auf der Lebenslinie sei der Irrtum lang und das Erkennen spät, spricht Gottfried Benn in Stuttgart vor zahlreichem Publikum; zwei Jahre später stirbt er (»Altern als Problem für Künstler«, 1954). »Unsere ersten fünfzig Jahre vergehen in großen Irrtümern«, zitiert er den englischen Maler Burne-Jones (gest. 1898, 65jährig), dann »fangen wir an zu verstehen, was wir tun können und ungetan lassen müssen. Und dann, kommt ein Hoffnungsstrahl und ein Trompetenstoß, und weg müssen wir.«

Schlimmer noch ging's, zitiert Benn, dem japanischen Maler Hokusai: »Alles, was ich vor dem 73. Jahr geschaffen habe, ist nicht der Rede wert ... mit 90 werde ich das Geheimnis der Dinge durchschauen«; aber 89jährig starb er (1849).

Je schöner die Zitate, desto verstopfter wird davon das Hirn.

Von einem zuviel Zitierenden, nämlich von sich selbst, sagt Benn loc.cit.: »Er horcht herum, er sucht Rat und Auskunft wie ein alleinreisendes junges Mädchen« – um also das loszuwerden, geh ich laufen. Ich laufe wald, richtig altmodisch, und wer kommt mir entgegen, der uralte Ernst Jünger, er geht wald, schon als er noch jünger war (»Waldgang«, 1951):
»Waldgänger« – ein schönes Zitat für alleinreisende junge Mädchen – nennt Jünger »jenen, der durch den großen Prozeß vereinzelt und heimatlos geworden, sich endlich der Vernichtung ausgeliefert sieht ... Widerstand zu leisten entschlossen ist und den, vielleicht aussichtslosen Kampf zu führen gedenkt.«
Im lebendigen Wald läuft er dem Tode weg und der Wahrheit zu. »Waldgang ist daher in erster Linie ein Todesgang. Er führt hart an den Tod heran – ja, wenn es sein muß, durch ihn hindurch. Der Wald als Lebenshort erschließt sich in seiner überwirklichen Fülle, wenn die Überschreitung der Linie gelungen ist. Hier ruht der Überfluß der Welt.«
Und der Waldläufer auch. Er liegt auf der Nase, und es geschieht ihm recht. Wer ist dieser Es?

V. UNFEHLBAR SEIN

Meine Lieblingsheiligen sind die irrtumsfreundlichen Heiligen, die erst einmal schreckliche Sünder waren; voran Augustinus. Mir ist er näher, solange er noch sündigt. Als Heiliger war er dann ein schrecklicher Rechthaber.
Der Irrtum ist Teil der Heiligkeit.
Natürlich irrt auch der Papst. Erst vor der Kulisse des Irrtums gewinnt das Schauspiel seiner Unfehlbarkeit die wahre Dramatik: Auf der Bühne des Irrtums steht ein Stuhl, und nur auf diesem, mit der nötigen Feierlichkeit, irrt er nicht.

Längst wird ja das peinliche Dogma von der Unfehlbarkeit des Papstes ergänzt durch das ebenso peinliche Dogma von der Fehlbarkeit des Papstes:
Auf der modernen Bühne steht ein Stuhl, mit der nötigen Feierlichkeit, und auf ihm sitzen Drewermann, Küng, Hochhuth, Deschner und die anderen Bischöfe der Modernität, abwechselnd, jeder jedes Jahr ein Buch – und irren darin nicht, daß der Papst irrt.
Das Dogma, daß der Papst nie irrt, ist so dumm wie das Dogma, daß der Papst jedenfalls irrt. Das eine wie das andere Dogma wird von der konservativen wie von der progressiven Kirche theoretisch gar nicht vertreten; praktisch kommen beide ganz nahe daran.
Der Papst ist ein Mensch, jeder Mensch ist ein Papst – sowohl immer wieder irrend wie auch immer wieder einmal unfehlbar: Mit stillem Blitz bricht aus der Papst- und Menschenseele dann die darin eingeschlossene Wahrheit, ex cathedra.
Gemäß schöner christlicher Tradition ist jeder Mensch Christ: Jedes Menschen Seele ist eine von Natur her christliche. Und gemäß ebenso schöner christlicher Tradition ist jeder Christ Christus: Zumindest ist er dessen Bruder. Und wenn sogar Christus mein Bruder ist, wird ja noch sein dürfen, daß auch der Papst mein Bruder ist, auch wenn er sich irrtümlich Vater nennt.
Letzteren Irrtum gibt er sogar zu: Johannes Paul II., Die Schwelle der Hoffnung überschreiten, Hamburg 1994, Seite 34 – bravo.
Bruder Papst, du bist mein Onkel. Schau, es ist ganz einfach: Onkel ist Bruder des Vaters. Mein Vater ist Gott (deiner auch, aber das verwirrt hier nur, lieber Bruder), also bist du mein Onkel, weil du ein Bruder des mit Gottvater wesensgleichen Christus bist (ich auch, aber das verwirrt hier nur). Ach Gott, Gott ist Dadaist.

Dieses Aufblitzen und Aufdonnern der Wahrheit, das jeder Mensch hat, haben kann, immer wieder einmal hat, für eine Sekunde, für eine Ewigkeit – *das* ist Unfehlbarkeit, des Papstes, meine, jedermanns, jederfrau.
Die Plötzlichkeit der Wahrheit (Saulus fällt vom Pferd, fällt auf den Kopf, und plötzlich sieht er sie) geschieht dem Menschen, genau wie es das 1. Vatikanische Konzil 1870 festlegte betreffend die Unfehlbarkeit des Papstes: *»ex sese, non autem ex consensu«*:
Die Wahrheit kommt, wie dem Menschen Papst, so dem Menschen überhaupt, *»ex sese«*: aus ihm selber heraus, weil sie nämlich in ihm selber drin ist – und nicht *»ex consensu«*: aus einer erst mühselig zu findenden Überein- und Abstimmung mit anderen.
Der demokratische Konsens ist diesfalls überflüssig, weil wir – und das erst ermöglicht die Demokratie – alle die Wahrheit in uns haben, und ab und zu quillt sie halt heraus aus uns, in den Stunden der Wahrheit, den Stunden des Glücks. Was weiß ich, es ist ein Geheimnis.
Die Wahrheit ist ein Blitzschlag. Daß der Blitz der Wahrheit ab und zu auch ihn trifft, wird man dem Papst doch wohl noch zubilligen dürfen, ohne daß man gleich der progressiven Verdammnis anheimfällt. Na also.

VI. HEIDNISCH SEIN

Komisch, wovon mir schon wieder geträumt hat! Aufgescheucht schlüpfe ich in Schlapfen und schlurfe zum Bücherregal; W. Pape, Griechisch-deutsches Wörterbuch, 6 Kilo 40, Berlin 1842 ff.: »ORGIA. Geheime, religiöse Gebräuche; geheimer Gottesdienst ... Mysterien, bes. die Liebe; enthusiastische Entzückung.«

Die Denunziation der Orgie als unsittliche Ausschweifung verdanken wir dem heiligen Kirchenvater Clemens von Alexandrien (gest. 210). Jedoch er irrt, sagt der »Große Pauly«, Encyclopädie des class. Altherthums, 83 Bände, 21/2 Zentner, 41/2 Meter Bücherbord, Marburg 1837ff., immer noch nicht vollendet –:

»Der Begriff des Orgiastischen oder gar Ausschweifenden, den man seit dem späten Alterthum in der Regel mit diesem Wort verbindet, ist ihm an sich keineswegs eigen, sondern ursprünglich bedeutet es einfach heilige Handlungen ... weder mystisch noch orgiastisch.«

Schade. Aber der Kirchenvater läßt sich sowieso nicht beirren. Mit seinem christlichen Riecher fürs Sexuelle verknüpft Clemens ORGIA mit griechisch ORGAO, einem üppigen Zeitwort; es sagt von der Erde, von deren Früchten und auch von der Erdfrucht Mensch, daß sie strotzen, schwellen, Saft, Lust, Begierde haben, heftig verlangen. Oh geheime Begeilung durch Lexika (Hjalmar Frisk, Griechisches etymologisches Wörterbuch, Heidelberg 1973).

Entgegen dem Vater Clemens gehört ORGIA zu ERGON, das Werk, das schlichte, strenge. Zurück in Mariazell von der Wiener Ausschweifung des Bücherlesens, empfangen mich die Glocken. Sie läuten zur heiligen Orgie.

Mariazell ist ein Wallfahrtsort der vierten Art: heidnisch heilig, außer christlich heilig.

Jüngste Art: Fließband-Wallfahrt. Anfahrt im Autobus – Messe – Abfahrt im Autobus. Heiliger Zirkus mit zirka einer Million Pilger im Jahr.

Ältere Art: Zentrum von Völkern eines irrealen Reiches, verbliebener Bindestrich vom mythischen Österreich–Ungarn. Die Mariazeller Muttergottes trägt die Namen: Große Mutter Österreichs; Mächtige Herrin der Ungarn; Mutter der slawischen Völker; Schützerin der germanischen Länder.

Letzterer Name ist der jüngste. Er entstand, als die Deutschen zur zweitstärksten Gruppe der Pilger aufrückten, nach den Österreichern und vor den Ungarn sowie ex-habsburgischen Slawen. Auch die – gar nicht so wenigen – angelsächsischen Pilger sind kühn unter »germanisch« subsumiert. Es kommen vor allem Amerikaner deutscher, österreichischer, ungarischer, slawischer Abkunft. Aus Mittel- und Osteuropa fließen wieder die traditionellen Pilgerströme: Böhmen, Mährer, Slowaken, Ruthenen (Ukrainer), Polen, Slowenen, Kroaten.
Die einzigartigen, wundertätigen Mariazeller Magentropfen (seit 1718) stecken immer noch in einer grün-weißen Schachtel mit viersprachiger Aufschrift (deutsch, ungarisch, slowenisch, tschechisch). Und eingeprägt in die Flasche ist die Gottesmutter auf einer Wolke. In der Wolke steht »Schutzmarke ges.gesch« (gesetzlich geschützt).
Soviel zum Wallfahrtsort der zweiten Art – und jetzt die dritte, noch ältere. Nach Mariazell kommen, so geht eine hartnäckige Tradition, außer unverdächtigen, auch geheimere Pilger. Das hat zu tun mit dem alpinen Brauch des Ahnlvergiftens, den Helmut Qualtinger, Hochgeist des Wiener Kabaretts, so hinreißend beschrieben hat.
Ahnl heißt auf teutodeutsch Opi, seine Beseitigung als überflüssiger Esser erfolgte durch ungeduldige Erben mittels Hüttrauch: Arsenik, das sich ausreichend im Ruß der offenen Feuerstelle bildete und an den schwarzen Wänden niederschlug. Von dort wurde das Gift abgekratzt zwecks Mischung ins Essen.
Das erfolgreiche Ahnlvertilgen gipfelte in der Wallfahrt nach Mariazell. Daheim, beim eigenen Pfarrer, konnte man sowas nicht beichten.
Die Mariazeller Muttergottes, wie Maria überhaupt, ist Spezialistin für schlimme und schlimmste Gewissenbedrückte. Zahlreiche, geräumige, gut verschließbare Beichtstühle ste-

hen in der stolzen Basilika. Bauchige Barockgebilde aus edlem Holz, mit köstlicher Einlage-Arbeit, prächtig poliert. Wenn dienstbare Schwestern nachpolieren – wieviel wird wegpoliert, und wieviel bleibt? Würziger Muff aus Jahrhunderten Sünde und Vergebung.

Das Katholische ist einzigartig, unvergleichlich, allein seligmachend. Wer sich hineinvertieft, braucht Ehrfurcht und Spott, Liebe und Schauder, Frömmelei und Ketzerei. KATHOLIKOS heißt griechisch: allgemein; im Detail aber steckt der Teufel.

Und das ist der Wallfahrtsort der vierten Art, der ältesten: Mariazell ist katholisch, d.h. es steckt voll allgemeiner Religion. Hier war, lang vor der barocken Basilika, lang vor der gotisch-romanischen Madonna auf dem Gnadenaltar – frommer heidnischer Boden. Alle alten Kirchen stehen auf solchem Boden.

Kelten, Illyrer, Alpen-Etrusker: Der alte Name von Mariazell findet sich im Ortsteil Rasing – zu »Rasenna«, so nannten sich die Etrusker auf etruskisch.

Durch einen gespaltenen Stein zwängte sich mit seiner Muttergottes-Statue der erste Mönch, der um 1200 hieherkam. Frömmer heidnisch geht's nicht; das Stein-Durchkriechen – man zeigt den Stein heute noch, beim »Ursprung«, einem alten Wirtshaus – bringt Glück, Fruchtbarkeit, Gottessegen.

Auch die heidnische Quelle fehlt nicht, die zu jeder alten christlichen Kirche dazugehört. Sie findet sich auf der Höhe hinter der Kirche »Zum Heiligenbrunn« – auch dort ist ein Wirtshaus, desgleichen eine Kapelle.

In der NS-Zeit sollte der Heiligenbrunn abgeleitet werden; das gelang aber nicht, er floß weiter.

Das Wasser hilft gegen schwache Augen. Ich probiere es jährlich selber aus. In Mariazell und bei Sonnenschein lese ich ohne Brille.

Alle Religion ist katholisch, alle Religion ist allgemein. Der sonst oft ärgerlich strenge Hl. Augustinus spürt das in einigen seiner wunderbarsten Sätze:
»Die Wirklichkeit, die jetzt christliche Religion genannt wird, gab es schon bei den Alten, und sie fehlte nicht von Anbeginn des Menschengeschlechtes, bis Christus im Fleisch erschien, von wann ab die wahre Religion, die schon da war, begann, die christliche zu heißen.«
Christentum ist nur ein spezieller Name für allgemeine Religion. Was soll der konservative Dogmatismus? Was soll der progressive Dogmatismus? Religion ist Geistesfreiheit. Religion ist die wahre Aufklärung.

VII. SCHAM HABEN

Noch lauter als die Glocken der Basilika zu Mariazell dröhnen die Glocken der Stille in den umliegenden Wäldern. Hier gibt es die letzten Urwälder Mitteleuropas, wo du auf zehn Stunden Weges – Straßen gibt's keine – keine Menschen antriffst, aber mit seltenem Glück braune, sich trollende Gestalten. Der Bär ist hier wieder heimisch.
Der Bär hysterisiert die Mariazeller. Sie glauben, nächtlich gehe er über den Platz vor der Basilika. Es war aber der große braune Hund des Gastwirts vom »Schwarzen Adler«.
Und wenn es doch der Bär war, nicht der Hund? Es gibt Bären, die Christen werden, in die Kirche gehen, Menschenmädchen heiraten – einschlägige Märchen kennt man aus Kärnten und Slowenien.
Daß der Bär Schafe reißt und Bienenstöcke plündert, kommt im Mariazellerland schon vor. Die Bewohner erhalten Entschädigung von der Behörde, aber es beruhigt sie nicht. Nie noch hat hier ein Bär einem Menschen was getan; umgekehrt

schon. Die zahlreichen Jäger träumen wieder von der Jagd auf die paar Bären.
Wenn Bären getötet wurden, mußte man – im alten Griechenland – Jungfrauen opfern, um die Bärengöttin Artemis zu besänftigen, das sollten die MariazellerInnen bedenken.
Vor nichts haben die Leute Angst. Nicht vor dem Autoverkehr, nicht vor dem Schisport – beide fordern Opfer zu Tausenden bzw. Dutzenden. Nicht vor berstenden Atomkraftwerken, nicht vor Naturvergiftung bis zur Klimakatastrophe – die Leute bleiben ruhig. Den Bären aber halten sie nicht aus. Ein steinzeitliches Ur-Erlebnis, ein Ur-Schrecken. Schießt ihn nieder!
Sibirische Völkerschaften glaubten, daß die Bären eigentlich Menschen seien, Bärenmenschen, insbesondere Bärenmädchen. Wenn man einen Bären erlegt und abhäutet – was nur bei Nahrungsnot erlaubt war –, findet man innen drin eine Jungfrau mit schönen Brüsten, erzählten sich die Burjäten. Scham sei es, weshalb die schönsten Mädchen in Bärenfellen sich verbergen.
Die griechische Artemis, schamhafte Jungfraugöttin, Mutter der Tiere und Menschen, trug ein Bärenfell. Vor ihrem Heiligtum zu Brauron in Attika stand am Eingang ein Baum, drauf hing ein Bärenfell, das Kleid der Artemis, drinnen in des Tempels Zelle war ihr Bild nackt.
Nur einige wenige Wochen im Jahr ist die Mariazeller Muttergottes »nackt«. Sie trägt dann, samt ihrem Kind, keines der kostbar bestickten Gewänder aus ihrer reichen Garderobe. Zart und schmal sitzt sie in ihrem original schlichten blauen Gewand. Verglichen mit ihren Prunkgewändern, ist sie im Negligé.
Nackter noch ist Maria auf vielen ihrer Bilder, mit bloßer Brust das Kind säugend. »Ich finde Dich in tausend Bildern, Maria, lieblich ausgeschmückt, doch keines kann dich so

schildern, wie meine Seele dich erblickt«: Novalis natürlich. Und wie erblickte er sie, der schmale, keusche Dichterjüngling (gest. 1801, 27jährig)? Mir fällt ein Schlager der Zwanzigerjahre ein. »Oh Donna Klara, ich hab dich tanzen gesehn, oh Donna Klara, das war wunderschön. Ich hab im Traume dich dann im ganzen gesehn, oh Donna Klara, das war wunderschön.«

Geht's dümmer? Na freilich. Es geht um Dummheit zum Quadrat: ums Zurückfinden zur Scham. Religion ist Leidenschaft; der Papst muß leidenschaftlich sein; Papst Drewermann muß leidenschaftlich sein. Die Scham ist der Rückweg zur Leidenschaft.

Der Mensch soll sich endlich wieder schämen. Das Video von der Scham, knallhart mit Schamhaaren, Schamlippen und drin auf und ab wuchtendem Schamglied – ist ein pubertär ungenaues Bild der Leidenschaft. Verhüllt ist geiler als entblößt.

Das deutsche Wort »Scham«, englisch »shame«, usw. heißt ursprünglich: Bedeckung, Verhüllung: Die menschlichen Schamteile sind die zu verhüllenden.

Die Griechen waren da kühner; AIDOIA, die Schamteile, gehören zu AIDOS, Scham, Scheu, Ehrfurcht, Verehrung. Die menschlichen Schamteile waren, in der Regel verhüllt, im Ausnahmefall aber Gegenstand der Verehrung und Enthüllung.

Nacktheit ist nicht FKK oder Porno oder ohnehin schon etwas, was eigentlich niemanden mehr interessiert. Nacktheit ist ursprünglich heilige Enthüllung, ein religiöser Akt. Die nötige Wiederentdeckung der Scham umschließt auch den Fall der Wiederentblößung der Schamglieder.

Religion als Sehnsucht umschließt auch die Sehnsucht nach heiliger Nacktheit. Der Exhibitionist, heute ein Fall für Psychiater und Polizisten, ist ursprünglich eine religiöse Figur. Die Gymnasien, eine bürgerliche Schulgattung im Aus-

sterben (weil man dort Griechisch lernte statt Computer), sind ursprünglich religiöse Stätten, wo die Knaben sich entblößen zwecks Spielen zu Ehren der Götter.
Jede anständige alte Religion hat ihre Schamglieder, Phallen und Vulven, die reichlich vorgewiesen werden in Bildnissen oder direkt von GöttInnen.
Daß in der Psychoanalyse alles, was lang ist, ein Penis, und alles, was rund ist, eine Vulva bedeutet – hat außer Lächerlichkeit auch einen wahren Kern. Die Freudschen Symbole sind privatisierte Symbole von Religion. Freud hatte ans Tageslicht geholt, was bürgerlich »parties honteuses« heißt – mit Scham behaftete Körperteile. Wenn heute überall die einst provokativen, nun gleichgültigen Geschlechtsteile herumwimmeln, so ist das nur Aufklärung, 1. Teil. Der 2. Teil ist die wahre Aufklärung: über die Religiosität der Sexualität.
Jede Kirche zieht mich unwiderstehlich an. Ich bin, was auf wienerisch heißt: ein Kirchenschlieferl. Ich schliefe (schlüpfe) in die Kirche hinein, fische Geld aus der Hosentasche und werfe es in die Büchse »Für Kerzen«. Ich entnehme drei Kerzen; eine für mich; eine für meine Lebensfreundin; eine ganz allgemein für die sonstig befreundete oder unbefreundete Menschheit. Ich entzünde die Kerzen und beginne dabei schon mein Lieblingsgebet Gegrüßet seist Du, Maria.
Ich setze fort, während ich und, wenn wir zu zweit sind, auch meine Freundin die Finger ins Weihwasserbecken tauchen und uns gegenseitig Kreuze machen, auf die Stirn und systematisch überall, wo unsere kränkelnden Körperteile sind (ihre Nieren, mein Herz). Die Geschlechtsteile lassen wir nicht aus, die zu verhüllenden, die zu verehrenden, die Einheit von Religiosität und Sexualität.
Unverschämt schrieben die Gebrüder Goncourt in ihr berühmtes Tagebuch (1851): »Religion ist ein Teil der weiblichen Anatomie.« Sie meinten es irreligiös, aber sie täuschten

sich. So geht es den Irreligiösen oft genug: Sie entgehen der Religion nicht. Sie irrten nur in der denunziatorischen Beschränkung des Satzes auf die Frauen. Natürlich ist Religion geradeso ein Teil der männlichen Anatomie. Religion ist ein Körperteil wie Hände, Füße, Nase und Tieferes.

Sinnliches ist heilig, Heiliges ist sinnlich. Daß Religion verdrängte Sexualität sei, stimmt erst auf den Kopf gestellt: Sexualität ist verdrängte Religion.

Wer von Sexualität spricht, gilt als aufgeklärt, wer von Religion spricht, im Gegenteil. Von der Identität der beiden weiß kein Irreligiöser, erst recht kein Religiöser. Vom Paar Sexus und Religion ist erst der Sexus befreit.

Jetzt gibt's nur noch einen menschlichen Schamteil, der knallhart versteckt bleibt: die Religion. Sie ist die »partie honteuse« des modernen Menschen. Eine Peinlichkeit, von der der wohlerzogene Irreligiöse nicht spricht, erst recht nicht der wohlerzogene Religiöse.

Hier noch, und nirgends sonst, gilt die altmodische »gêne«; Religion ist, wofür man sich geniert. Das moderne Zeitalter ist zugleich jenes, das uns diese letzte »gêne« austreibt.

Bei Bürgin-Mayer, Thomas Mann. Eine Chronik seines Lebens, finde ich die folgende Briefstelle, über die Feier des 65. Geburtstages seines Kollegen Alfred Döblin, ausgerichtet von dessen Mitliteraten in der Hollywooder Emigration, 14.August 1943:

»Die Dankesworte des Jubilars waren bemerkenswert. Der Relativismus sei der Ruin, sagte er. Heute gelte es, ›das Absolute‹ anzuerkennen. Nachher im Gespräch mit mir, ging er weiter und erklärte: ›Die Gêne, von Gott zu sprechen, die wird einem ausgetrieben!‹ – So steht es. Ich habe mich noch mit meiner protestantisch-humanistischen Tradition zu drükken gesucht und gesagt, Katholiken und Juden hätten es leichter. Aber so steht es.«

Als der alternde Döblin, geknickt von der Emigration, so unerwartet vom lieben Gott sprach, kam's fast zu einem Skandal. Klaus Völker, Bert Brecht. Eine Biographie, erzählt sehr hübsch:

»... überraschte Alfred seine Freunde und Kollegen mit einem verwirrten, von allen Gästen als peinlich empfundenen Schuldbekenntnis: Da er nicht genügend ›Gott‹ gesucht habe, sei er mitschuldig am Aufstieg der Nazis. Besonders Brecht, der mit Helene Weigel die Feier in einem kleinen Theatersaal organisiert hatte, ärgerte sich über diese, von aller politischen Realität absehende Erklärung seines Freundes. In einem Gedicht handelte er den ›peinlichen Vorfall‹ ab, bei dem die irreligiösen Gefühle der meisten Feiernden empfindlich verletzt wurden ... Hanns Eisler, Peter Lorre, Fritz Kortner erklärten sich für genarrt. Als Eisler schimpfend aufstand, rief ihm Brecht ein flehendes ›Pssst‹ zu.«

So steht es. »Gott« gehört in Gänsefüßchen. »Irreligiöse Gefühle« dürfen nicht verletzt werden. Wer Gott sucht, »sieht von aller politischen Realität ab«. Als ob er nicht gerade deswegen Gott sucht, weil »alle politische Realität« immer wieder außer Rand und Band gerät, z.B. gerade jetzt.

Alterungen Verjüngungen

I. SÄUGLING VERNASCHT BISCHOF. EIN FERIENERLEBNIS

In aller Früh, wenn alle Jungen noch schlafen, gehe ich, während der altmodische Regisseur Gott eine Morgenfrische inszeniert, die paar Schritte vom Haus zur Bootshütte. Eine fleißige Spinne, deren Mordnetz ich unachtsam zerstöre – es sind schon ein paar frischverstorbene kleine Fliegen drin – bitte ich um Entschuldigung, jetzt muß sie alles neu machen. Ins urjunge Wasser tauche ich und entsteige ihm frisch veraltet.

Inzwischen, ich habe hinterm Bad noch ein bißchen geschlafen, meinen schönen 9-bis-10-Uhr-Schlaf des Alters, versammeln sich die Jungen zum Frühstück. Der ganz Junge trägt weißes Haar und Hängebauch, darüber ein T-Shirt mit Donald Duck, der in goldenen Lettern ruft: »Welcome in Disneyland«.

Sie hingegen trägt spannende Leggins in lila, lindengrün, schwarz und rosa, einen Body aus geiler weißer Spitze und überall sonst goldbraun knusprige Haut, geadelt wie lang benutztes Leder. Alle, alle sind sie jung, die alten Kasper. Sie wollen von der Zukunft nichts wissen. Die Zukunft gehört nämlich dem Alter.

»Auf, schickt die Jugend in den Orkus! Nehmt die Zukunft

in eure eigenen Hände mit den kräftig hervortretenden Adern!« – rufe ich vom Balkon meines Zimmers, überragend den Frühstücksgarten. Ich könnte ihnen hineinspucken in die Kaffeetassen, aber nein, viel gemeiner hänge ich meinen bronzenen Buddhabauch über die Balustrade, raufe mein überlanges Grauhaar, intonierend:

»Hört mich, Ihr übertünchten Urlaubsgräber, ich bin Teiresias, der steinalte Seher von Theben, täglich tauche ich in die Quelle Tilphussa und wandle mich an geraden Tagen in ein Weib, an ungraden wieder retour in einen Mann. Den Streit zwischen Zeus und Hera über die Liebe entschied ich dahin, daß der Genuß des Weibes den des Mannes überträfe um das Neunfache. Um das neunmal Neunfache aber übertrifft der Genuß des Alters den der Jugend.«

Im Frühstücksgarten entsteht beträchtliche Unruhe. Die wirklich blutjunge Serviererin überbrüht die jungalten Gäste mit heißem, in jeglicher sonstigen Hinsicht ungefährlichen Kaffee. Rufe ertönen: »Holen Sie mir den Geschäftsführer!« Während sich der Garten empört leert, nehme ich die Gelegenheit, den paar verbleibenden Vernünftigen alles auszuvernünfteln:

Der Jugendkult verdankt sich – inzidiere ich den soziologischen Abszeß – der Hilf-, Sinn- und Fantasielosigkeit der alten Menschen. Während die Alten immer älter werden, immer zahlreicher, immer scheinlebenslustiger, immer kaufkräftiger, werden die Jungen immer weniger, immer lebensmüder, immer arbeitsloser.

Gegenläufige Tendenzen sind Täuschungsmanöver des Weltgeistes. Unten im Bauch des Raumschiffes »Fortschritt« verlieren die Alten ihre Jobs zugunsten der billigeren, folgsameren Jungen. Aber oben auf dem Kommandodeck sitzen die Alten breitärschig an den Kontrollen, die Kohlbirnen und Mitterrandzwergeln, immer noch und nimmer mehr.

»Der Rest ist Maskerade«, rotze ich in den Frühstücksgarten, aber der ist schon leer. Die jungmaskierten Alten haben sich verzogen. Sie sind losgefahren, noch jüngere Sachen einkaufen im neueröffneten »Alpin-Center Young and Fit«.
Sind sie schon ganz blöde, die Alten? Nein, ganz sehnsüchtig. In einem Zeitalter, da die Alten nicht mehr alt sind und die Jungen nicht mehr jung, ist die Sehnsucht sehr groß und sehr verborgen. Es geht nicht um Maskerade, es geht um Identität. Wird's heute noch was mit Baden? Über dem See versammelt sich eine dicke, elegant graue Wolke, aus der es zu regnen beginnt. Ich lasse mich nicht entmutigen. Ich hole mein Fernglas und blicke durch.
Dachte ich mir's doch. Auf der Wolke steht als Untertitel »Über die Berührung und Vereinigung zwischen Alt und Jung«. Ein Essay für Kinderschänder? Aber nein, lauter hochanständige, erhabene Geister regnen aus der Wolke.
»Ein recht gebildeter Mensch muß zugleich ein Erwachsener und ein Kind sein«: Friedrich Schlegel.
»Ein Genie ist, wer mit 80 noch so weise ist wie mit 8«: Simone Weil.
»Ein Kind ist weitaus klüger als ein Erwachsener«: Novalis.
Jetzt donnert und blitzt es. »Die Kinder sollen die Eltern erziehen«: Karl Marx.
Ich flüchte in die schützende Bootshütte, bedenkend, was Kinder nicht alles können. Erwürgte nicht Herakles schon als Säugling eine Riesenschlange? Ist nicht das Christkind in der Wiege beliebter als der erwachsene Christus auf dem Folterkreuz?
»Das Kind«, hörte Eckermann von Goethen, »scheint so verständig, so vernünftig, zugleich so bequem, heiter und gewandt, daß man keine weitere Bildung wünschen möchte.«
Drum bleibt stehen, dümmliche Erwachsene, oder, weil ihr das doch schon versäumt habt, kehrt zurück zur Kindlichkeit.

Ahmt nicht die Jugendlichen nach, die bunten Affen zynischer Modezaren – nein, keine halben Sachen. Ihr sollt den neuen Menschen anziehen und nicht die T-Shirts der Jugend. Wenn ihr nicht werdet wie die Kindlein …

Schon schreib ich mit Mühe. Quer zu meiner Ferienlust auf gutgebaute Sätze schrillt das Gebrüll badender Miniterroristen. Kinder verbreiten Liebreiz, Weisheit und nackten Schrecken. »Als Arkader und Eleier einander bekriegten«, erzählt Pausanias, »brachte eine Frau ihren Säugling und setzte ihn an der Spitze des eleischen Heeres zu Boden. Als die Arkader kamen, verwandelte sich das Kind in eine Schlange. Entsetzt flohen sie.«

Und erst der Superkindergott Dionysos, lieblich riechend in seinen Windeln nach Honig und allerhand Kräutern! Er stachelt geheimnisvoll ganze Sauf- und Sexhorden zum Schweifen über die griechischen Gebirge, wo sie harmlose Mountainbikers vergewaltigen, in handliche Stücke reißen und fressen.

Wo finde ich Sicherheit? Am Strand nicht, im Gebirge nicht, ah, hinter der Zeitung: Moderne Säuglinge verführen moderne Erwachsene auf dem Wickeltisch. »Wenn«, warnt Bischof Degenhardt zu Paderborn, »Männer mit der Pflege der Kleinkinder betraut sind und dabei nackte, entblößte Körper ständig sehen, sie berühren und saubermachen müssen, ist die Gefahr groß, daß sie ihren Begierden nicht widerstehen können« (»Die Zeit«, 30.6. 1994).

Schon übermannt mich die Begierde. Ich verwandle mich, gut geschützt hinter der großen Zeitung, in ein gepflegtes Kleinkind und vernasche den Bischof Degenhardt. Cyber-Porno, *der* Abenteuer-Urlaub!

II. DAS KIND ALS ERZIEHER. EIN PÄDAGOGIKUM

Papa, Papa,
Was schreibst' denn da?
Ich schreib für die Urania!
Als *ich* jung wa',
Ging oft ich in d'Urania.
Quatsch nicht, Papa.
D'Urania
Is' für die Alten da.

Und wenn es wahr wäre? Machen wir doch Schluß mit dem Märchen, daß der Jugend die Zukunft gehört! Die Zukunft gehört den Alten. In allen fortschrittlichen Gesellschaften (d. h. jenen, die zum Untergang fortschreiten) werden die Alten immer älter, immer zahlreicher, lebenslustiger, kaufkräftiger, die Jungen immer weniger, lebensmüder, arbeitsloser. Selbst die Werbefritzen haben bisher nicht gemerkt, daß sie an ihrem besten Publikum, den Alten, vorbeisteuern.

Da wir keine Jugend haben, haben wir keine Zukunft. Da wir keine Zukunft haben, haben wir keine Jugend. Der perfekte Zauberzirkel – wie durchnagt ihn die Maus des Optimismus? Ganz einfach: mit den Zähnchen des Optimismus. Dieser ist nämlich, je unbegründeter, desto nötiger. Die Alten sind die Jungen, also haben wir Zukunft.

Genauer: Die Alten sind nicht alt, und die Jungen nicht jung, sondern beide sind beides – das ist Ausgang und Ziel aller »Bildungsarbeit«: »Ein recht gebildeter Mensch muß zugleich ein Erwachsener und ein Kind sein« (F. Schlegel).

Ja: »Jede Stufe der Bildung fängt mit der Kindheit an. Daher ist der am meisten gebildete Mensch dem Kinde so ähnlich« (Novalis, Fragmente zur Poetik).

Dies sei Ziel der Bildung: *Erwachsene so weise machen wie*

Kinder. Kinder hingegen braucht man nicht weise zu machen; sie sind es schon.

Das Wichtigste an der »Bildung« sind die Gänsefüßchen. Der Rest ist Arroganz. *Wir* sind gebildet, *wir* haben ein Bild, und nach diesem Bild bilden wir die *anderen.* Die Bildner als Obermenschen und die zu Bildenden als Untermenschen: Hütet euch vor solchem Rassismus, liebe Pädagogen.

Bedenkt euren Ursprung. Im alten Griechenland war Paidagogos ein Sklave, der die Kinder zur Schule begleitete und wieder nach Hause. Der Pädagoge trug den Kindern die Schulsachen. Das war's auch schon.

Demut. A-B-C-D-Mut. Die Bildung vom Kopf auf die Füße stellen: Der Bilder lerne vom zu Bildenden. Denkt an Marxens Lehre, daß die Kinder die Eltern erziehen sollen. Marxismus für Pädagogen.

Marx war Atheist und Kinderverehrer. Die Christen gleichen ihm darin, daß auch sie Kinderverehrer sind. Ihr Christus hängt am Kreuz und lächelt in der Krippe. Zu meinen, dies sei eine Verniedlichung des Christus, ist selber eine Verniedlichung. Gott und Kind sind großartig identisch.

Das Kind als Erzieher. Es führt in die Bildung nicht nur hinein, sondern gleich auch wieder hinaus. Von der Bildung zur Religion – der Weg ist ein natürlicher, da darf man nicht pedantisch sein.

Drauf gleich noch ein Goethe (an Frau von Stein, 22.9. 1781): »Christus hat Recht, uns auf die Kinder zu weisen, von ihnen kann man leben lernen und selig werden.«

Das Kind ist Kraftquell aller Bildung, Helfer in Bildungsnöten wie überhaupt in allen Nöten. Zur Bildung durch das Kind gehört auch, daß das Kind, außer wundervoll gut, auch schlimm, boshaft, böse sei.

Ja, das Kind ist auch entsetzlich. Eltern braucht man da nicht viel zu erzählen, sie wissen das. Das Kind als Inbegriff des

Menschen ist auch Inbegriff des *fürchterlichen* Menschen. Novalis, Liebhaber alles Göttlichen und folglich auch alles Furchtbaren und folglich auch der bildenden Wirkung dieser beiden (Heinrich von Ofterdingen, II. Teil):
»Ein Geist ist im Kind geschäftig, der frisch aus der unendlichen Quelle kommt. Daher diese Überlegenheit eines Kindes in den allerhöchsten Dingen, der unwiderstehliche Gedanke einer näheren Führung dieses unschuldigen Wesens, das jetzt im Begriff steht, eine so bedenkliche Laufbahn anzutreten ...«
Überlegen, allerhöchst, unwiderstehlich, unschuldig – und bedenklich: Das Bedenkliche der Kinder ist bedenkenswert und anrüchig.
Seltsam, daß auch Goethe, der unermüdliche Kind-Erforscher, wenn es um das Bedenklich-Anrüchige des Kindes geht, vom realen Geruchssinn ausgeht: Kinder hätten, meinte er zu Eckermann, »wie die Hunde, einen so scharfen und feinen Geruch, daß sie alles entdecken und auswittern, und das Schlimme vor allem anderen«.
Das Kind als Erzieher führt nicht ins Nette, auch nicht nur ins Ursprüngliche Gute und Geniale – sondern auch, ja darf denn das sein? ins Schlimme. Das Kind ist Muster für *Bildung, die das Böse miteinschließen soll.*
Um es ein bißchen geschwollen auszudrücken, das gehört ja mit zur Bildung: Ziel der Bildung sei die *umfassende dialektische Identität von Jugend und Alter* – das Akzeptieren der Alten als Kinder und das Akzeptieren der Kinder als Erwachsene.
Als ob wir nicht mit der Emanzipation der Frau genug Bauchweh hätten! Jetzt auch noch die Emanzipation der Alten und die Emanzipation der Kinder. (Von der gleichfalls dringenden Emanzipation des Mannes wollen wir noch barmherzig schweigen!)
Freilich werden die Alten längst auf die Stufe des Kindes ge-

schoben, aber nicht hinauf auf dessen Höhe, sondern hinab in dessen Unmündigkeit. Im Altersheim sagen die PflegerInnen gern Du zu den Omis und Opis, und sie sollen brav essi, sich nicht anpatzi und a Ruah gebi. In der Bildung geht's ums genaue Gegenteil: Nicht brav sollen sie sein, die Alten, anpatzen sollen sie sich und keine Ruhe geben.

Die Alten sollen werden wie die Kinder, aber nicht unmündige Kinder, sondern wirkliche Kinder, welche nämlich nicht unmündig sind, sondern erwachsen auf ihre Weise. Alte und Kinder begegnen einander als Nichtemanzipierte. Beide heraufzuholen in die Mündigkeit ist Bildungspflicht.

Keiner schrieb schöner über die letztliche Identität von Jung und Alt als der halbverschollene Gentleman-Romancier Samuel Butler (»Der Weg allen Fleisches«, 1903):

»... daß die Jungen und Schönen die wahrhaft Alten und wahrhaft Erfahrenen seien ... Der ganze Zauber der Jugend liegt in ihrer dem Alter gegenüber reicheren Erfahrung ... Wenn wir sagen, daß wir alt werden, sollten wir vielmehr sagen, daß wir neu oder jung werden und an einem Mangel an Erfahrung leiden; denn wir versuchen, Dinge zu tun, die wir noch nie getan haben und die uns immer mehr mißlingen, bis wir schließlich in der äußersten Ohnmacht des Todes landen.«

Was in den Tod führt, ist nicht das Alter, sondern eine neue, junge Erfahrung. *»Die Söhne sind älter als die Väter«*, dreht es Lao Tse. Stimmt. Ausgehend von einem fixen Punkt auf der Zeitlinie, sterben die Väter jünger und werden die Söhne älter. Es mangeln den Jungen zwar die Erfahrungen der Älteren, aber das gilt nur für die Vergangenheit. Für die Zukunft ist es umgekehrt: Den Älteren mangeln die Erfahrungen der Jüngeren. Die Jüngeren sind die Reiferen; die Alten die Unerfahrenen.

Dieses Hexeneinmaleins ist Bildungsarbeit.

Die Jungen sind die Alten, die Alten sind die Jungen. Und wie wird aus der paradoxen Alt-Jung-Identität die praktische Identität der beiden? Dies geschieht – Bildung darf ja nichts Heikles auslassen – *auf den Wegen der Liebe.*
Im »Wien-Archiv« finde ich, auf Blatt 3064; die Tänzerin Fanny Elssler, mit Reifrock und Rosenblüten; dazu den Bildtext:
»... eine der berührendsten Romanzen des Jahrhunderts: Friedrich von Gentz, konservativ-legitimistischer Publizist und als solcher enger Vertrauter Metternichs, verfiel als 65jähriger vollends der 19jährigen Fanny, die diese Liebe zutiefst erwiderte und ihm ehrlich ergeben war. Erst Gentzens Tod endigte diese Affaire.«
Das Kind als Erzieher: Die junge Frau und der alte Mann waren, als sie zusammenkamen, 46 Jahre auseinander. Viel weniger weit auseinander waren Romeo und Julia, dafür waren sie insgesamt sträflich jung, angeblich 14 und 12. Kinder erziehen einander, diesfalls zu Liebe und Tod.
Das unsere wird ein Zeitalter, als hätte es Aufklärung nie gegeben; als hätte Freud nie gelebt; als hätte das Jahr 1968 nie stattgefunden; als hätten wir die Liebe nicht mehr, in keiner Couleur, nicht rot, nicht grün, nicht christlich, nicht atheistisch.
Die Reduktion aller Sinnlichkeit auf Sexualität, aller Sexualität auf Sex, alles Sex auf Nix – ist die Reduktion aller Bildung auf Pornographie, Empörung und Leserbriefe.
Wer sich beim Jammern ertappt, soll streng gegen sich einschreiten. Nicht Raunzen gilt, sondern Handeln. *Bildungsarbeit ist letztlich das intelligente Sichherantrauen an Unberührbares.*
Das Ergebnis ist klar. Sich herantrauen endigt mit Berührung. Adam Müller, 1829 in Wien gestorben, der große Romantiker und Philosoph vom wahren Staat, schrieb: »Wer heute selbst

jung, das Recht der Jugend auf seiner Seite hat, und doch schon nach wenigen Jahren sich dann auf das Recht des Alters berufen muß – wie glücklich ist er, wenn beide Alter einander nicht widersprechen, wenn in die früheste Jugend schon die Voraussicht auf das Alter, ins späteste Alter noch die Rücksicht auf die Jugend und ihre notwendigen, unverweigerlichen Ansprüche eingesetzt ist – wenn also jeder Mensch das Ganze repräsentiert: alle Bedürfnisse des Augenblicks und alle Alter des Lebens in sich vereinigt ...«

Alte mit Jungen. Junge mit Alten. Alte mit Alten. Junge mit Jungen. Bildung ist Verletzung der Korrektheit, der politischen, der sexuellen, der religiösen, jeglicher.

Der pädagogische Eros ist verdächtig; man vermutet weniger, daß es sich um Bildung mittels Liebe, Herzensbildung handelt, sondern eher um Unsittlichkeit. Die Lust der Liebe zwischen LehrerIn und SchülerIn wird vermehrt um die proportional teilnehmende Lust der DenunziantInnen, PolizistInnen, StaatsanwältInnen.

Der Lehrer Abaelard liebte die Schülerin Heloise im Jahre 1117ff.; er war Professor der Theologie, 38, damals war das ein alter Mann; sie war 17 und bezaubernd.

Der Vater ließ ihm den Penis abschneiden, so endete es. Doch hinter dem Ende ging alles weiter, bis daß der Tod sie schied. Ein Bildungsroman: daß die Liebe ohne Penis weiterdauert (er wurde Abt, sie Nonne); daß du fromm werden, sein und bleiben kannst mit und ohne Geschlechtsverkehr; daß du zugleich sein kannst: fromm, Ketzer und fast ein Heiliger (das alles wurde er; von ihr ist wenig mehr überliefert, als daß sie ihn begrub und 21 Jahre überlebte).

Gott als oberste Bildungsinstanz scheint verfügt zu haben, daß insbesondere das Unmögliche möglich ist und daß Unsittlichkeit Bildung nicht ernsthaft behindern, ja sogar fördern kann.

III. ALTERN. EIN DRAMOLETT

GEORGE FOREMAN (46): They never come back. Alte Boxer-Regel. Ich aber schaffte es. Ich schwitzte, blutete, keuchte, ließ mir das Hirn blöd schlagen. Aber ich schaffte es. Halb hin, oder zweidrittel hin. Aber ich schaffte es. Weltmeister! Noch einmal Weltmeister! Der älteste Schwergewichtsweltmeister aller Zeiten. Hört es, Übergewichtige, glatzköpfige, hängeärschige Übervierziger! They sometimes come back.

OPTIMIST: Hoffnung. Schwitzend, blutend, keuchend. So geht's. Werdet Leistungsidioten! Laßt euch aufs Hirn haun, bis ihr blöd seid. So geht's.

NÖRGLER: Nein, so geht's nicht! Im Leben ist's schlimmer als im Boxen. Boxen ist virtuelles Honiglecken, verglichen mit der realen Realität. Die Alten kriegen keine Chance. Die Jungen auch nicht.

OPTIMIST: Schuld sind »wir«.

NÖRGLER: »Wir« behandeln die Jungen schlecht – weil wir sie nicht lieben, nehmen sie Drogen.

»Wir« behandeln die Alten schlecht – weil wir sie nicht lieben, versumpern und versumpfen sie im Altersheim.

»Wir« – wer ist denn wir? Wir sind die »Gesellschaft«. Wer ist denn die Gesellschaft? Die Gesellschaft sind wir, und die Gesellschaft ist schuld, und wir sind an ihrer Schuld mitschuldig. Weil wir »nichts« tun: nicht genug tun gegen unser Schuldigwerden, nicht ändern das notwendig zu Ändernde, die Not nicht wenden.

OPTIMIST: Das sind Allgemeinheiten. Der Optimismus steckt im Detail.

NÖRGLER: Gut, gehen wir ins Detail.

Die Jugend kommt nicht dran – sie kriegt keine Jobs, die Jugendarbeitslosigkeit ist in Europa das Doppelte der ohnehin schon zweistelligen Durchschnittsarbeitslosigkeit. Die Alten kommen nicht dran – sie kriegen keine Jobs, die Arbeitslosigkeit der Übervierziger ist in Europa das Drei- bis Vierfache der ohnehin schon zweistelligen Durchschnittsarbeitslosigkeit.

OPTIMIST: Wenn die Jugend nicht drankommt. Wenn die Alten nicht drankommen. Ja, wer kommt denn dann dran? Irgendwer muß doch drankommen.

NÖRGLER: Ja, die allgemeine Schuld der Gesellschaft, an der wir allgemein mitschuldig sind – plötzlich konkretisiert sie sich: Die drankommen sind eine schmale Altersgruppe, von über 25 bis unter 40. Die sitzen üppig im Fett. Die lassen die noch Jüngeren nicht heran an ihre guten Jobs, und die schon Älteren lassen sie schon gar nicht heran. Sondern schmeißen sie hinaus.

OPTIMIST: Ja, ich weiß. Die neuen Technologien, Computerizing, blablabla. Aber Technologie kann nur unmoralisch werden, wenn ihr Herr, der Mensch, unmoralisch wird.

NÖRGLER: Technologie ist eine Ausrede. Fakt ist: Die Jungen wie die Alten sind gleich schlecht dran – eigentlich müßten sie sich zusammenschließen, gemeinsam schreien, gemeinsam kämpfen. Sie werden ferngehalten, unten und draußen. Von der Elite der über 25- und unter 40jährigen. Eine »Jung-Elite«, quantitativ gering, qualitativ aber: versehen mit hoher Ausbildung und/oder höchster Macht.

OPTIMIST: Höchste Macht, ich bitte Sie. Diese »Jung-Elite« besteht aus Marionetten-Managern. Die wirklich Oberen, die Fädenzieher, sind so alt wie wir Älteren.

NÖRGLER: Bei nochmaligem, nach genauerem Hinsehen zeigt sich in der Tat eine noch schmälere Elite von über 40jährigen, ohne Altersgrenze nach oben. Sie sitzen an den wirklichen Kontrollen des Raumschiffs namens Menschheit. Sie, also doch »Alte«! – halten der Jung-Elite den Knochen na-

mens »Macht« hin, und die Jung-Elitisten schnappen brav danach.
OPTIMIST: Während das Raumschiff Menschheit dahinrast. Wie soll man da Optimist sein?
NÖRGLER: Eine idiotische Reise, keiner weiß wohin. Und das Wohin und Wozu interessiert die mit Machtspielen voll Beschäftigten auch gar nicht.
OPTIMIST: Macht genügt, Ziel unbekannt. Oh Optimismus!
NÖRGLER: So wächst, wie der Geist aus der Flasche, aus der Frage nach dem Schicksal von Jugend und Alter eine »Soziologie«, nicht bloß der diversen Lebensalter, sondern der Macht und des Menschheits-Schicksals.
OPTIMIST UND NÖRGLER: Wir rasen dahin.
GOTTFRIED BENN (1954, zwei Jahre vor seinem Tod): »Die Gehirne leben länger, aber wo einmal Halt und Widerstand war, entwickeln sich leere Stellen. Können Sie sich, wenn Sie auf der Erde aus Ihrem Fenster sehen, noch in einen Gott hineindenken, der etwas so Sanftes wie die Pflanzen und Bäume geschaffen hat? Ratten, Pest, Lärm, Verzweiflung – ja, – aber Blumen? Es gibt ein Bild aus dem 14. Jahrhundert: ›Erschaffung der Pflanzen‹, da steht ein kleiner, krummer, schwarzbärtiger Gott und hebt eine zu große rechte Hand, als zöge er damit die beiden Bäume aus der Erde, die dann neben ihm stehen, sonst ist alles noch ziemlich leer – können Sie sich heute diesen friedlichen Schöpfer vorstellen? Laster, Würmer, Morden, Faul- und Stinktiere – das ja, in Massen, in Fortsetzungen, in Lieferungen, 100prozentig, immer neue Auflagen – aber ein kleiner zärtlicher Gott, der zwei Bäume hochzieht?«
OPTIMIST: Oh Gott, was tut die Weltbank, unser Gott?
NÖRGLER: Was tut die Weltbank? Sie bangt. Die wirtschaftliche Entwicklung der Erde, bangt sie in ihrem jüngsten Bericht (Oktober 1994), wird zunehmend durch die Alters-

pyramide bedroht. Der alte Globus kommt in die »Alterskrise«, bangt die Bank. Die Lebenserwartung steigt, die Geburtenzahl ist rückläufig.
OPTIMIST: Gut! Bei weniger Geburten müßte doch die unheimlich anschwellende Weltbevölkerung schrumpfen.
NÖRGLER: Aber nein, die Geburtenzahl ist in der Dritten Welt zwar rückläufig, aber immer noch zu hoch, und der positive Rückgang der Geburtenzahl wird immer deutlicher kompensiert durch das Ansteigen des durchschnittlichen Lebensalters.
1990 gab's auf dem Globus eine 1/2 Milliarde Übersechziger, 2030 werden es 1 1/2 Milliarden sein – bangt die Bank.
OPTIMIST: So sind sie, die Bankfachleute. Sie prophezeien uns gleichzeitig:
– eine wachsende Weltbevölkerung; bis 2030 zehn Milliarden, dann erst ein Gleichbleiben und vielleicht ein Fallen;
– eine wachsende Überalterung des Globus, und nun schon nicht nur der Industrieländer, was wir ja schon wußten.
Auf dem ganzen Globus sind die Alten im Vormarsch.
NÖRGLER: Man kann natürlich immer hoffen, daß sich die Fachleute irren; sie irren sich oft gerade in Bevölkerungs-Prophezeiungen. Haben sie aber, sozusagen »ausnahmsweise«, recht, dann heißt das:
Von dem vielen Geld, das es kosten wird, die wachsende Weltbevölkerung am Leben zu erhalten, durch Wirtschaftswachstum und wie die Zaubermittel alle heißen – von diesen ohnehin schwer oder gar nicht aufzutreibenden Mitteln für den »Hauptzweck« müssen noch welche abgezweigt werden für den »Nebenzweck«, die Alten am Leben zu erhalten.
Jetzt schon wird in Industrieländern ein Drittel der öffentlichen Budgets für die Versorgung der »Alten« aufgewendet (so in Deutschland, Österreich, Griechenland, Italien, Finnland, meldet die Weltbank).

OPTIMIST: Aber in »exotischen« Ländern, also nicht »bei uns«, ist das doch ganz anders. Da erhalten die braven Großfamilien alle ihre Glieder, das ist doch viel gescheiter, menschlicher, billiger – als der Sozialstaat, dieses kalte Ungeheuer.
NÖRGLER: Sie irren, armer Optimist, zumindest teilweise. In Argentinien schlucken die Pensionsbeiträge, runzelt die Weltbank die Stirn, schon ein Viertel der Bruttolöhne.
In Ungarn sind die Lohnabzüge für Pensionen schon bei 33 Prozent.
In China dürfen die Familien nur noch ein Kind haben, bei Strafe des Hinauswurfs aus dem Job. Künftig wird dort, meldet die Weltbank, ein Arbeitnehmer zwei Familienmitglieder erhalten müssen. Und von Sozialversicherung ist dort noch keine Spur.
GEMISCHTER CHOR DER EXPERTEN UND DIREKTOREN DER WELTBANK: Was schlägt die Weltbank vor? Was Hochinteressantes! Die Regierungen sollen die Arbeitnehmer reizen, sie sollen ihnen Anreize geben, Anreize zu freiwilligen Sparleistungen zugunsten ihrer Pension.
Oder noch reizender: Sie sollen die Arbeitnehmer gesetzlich verpflichten, für ihre eigene Altersvorsorge selber vorzusorgen.
CHOR DER KAPITALISTEN UND FINANZMINISTER: Bisher zahlten die Unternehmer dazu – welche Freude, das brauchen sie nun nimmer.
Bisher zahlte der Staat dazu – welche Freude, das braucht er nun nimmer.
Ein genialer Vorschlag – wisst's was, zahlt's euch alles selber!
VERSICHERER (fallen in den Chor ein): Und zwar über Privatversicherungen. Nicht nur müßt ihr's euch selber zahlen. Das wäre zu wenig genial. Sondern die Versicherungen sollen dabei auch noch verdienen an euch.
EINIGE DIREKTOREN DER WELTBANK (fürwitzig):

Wenn wir schon einen Staat noch haben, soll er für was sein. Die Polizei soll nachschauen, ob jeder im Nachtkastel seine Versicherungspolizze hat. Das geht sicher auch elektronisch. Es hat ja jeder seine Kennziffer.
DIE ÜBRIGEN WELTBANKDIREKTOREN: Mäßigen Sie sich, meine Herren, nur keine Übertreibungen. Wir sind für die Freiheit.
GOTTFRIED BENN: »Wo immer das Wort Freiheit auftaucht, wird es unklar.«
SOZIALSTAAT (wird auf den Kopf gestellt, alle seine Taschen werden ihm entleert, er stöhnt aus allen Fugen): Ja, ich gestehe, ich bin der Sklavenstaat. Schluß mit mir (stirbt)!
ARBEITERKLASSE (spaltet sich).
ARBEITERKLASSE 1: Wir werden uns wehren.
ARBEITERKLASSE 2: Uns gibt's doch gar nicht mehr.
ARBEITERKLASSE 3: Ah was, die Welt geht eh' bald unter.
REVOLUTION (bricht völlig unerwartet aus): Ja, wirklich! Alles Neue, das in diesem Zeitalter passiert, geschieht völlig unerwartet, siehe Zusammenbruch der Sowjetunion, siehe Wiedervereinigung. Das völlig Unerwartete ist die Bewegungsform des Neuen in diesem Zeitalter, das an kein Neues glaubt außer an den Datenhighway.
DATENHIGHWAY (klirrt mit seinen Glasfasern): Ihr merkt aber auch gar nichts. Ich bin doch nur eine List der Geschichte. Während auf mir mit großem Lärm die virtuelle Realität dahinrast, sammelt seitwärts die reale Realität ganz unbeachtet ihre geheimen Kräfte zum nächsten Panthersprung.
HEGEL (reißt sich die Schlafmütze vom Kopf): Jaaa. »Die Weltgeschichte ist der Fortschritt im Bewußtsein der Freiheit. Dieser Endzweck ist das, was Gott mit der Geschichte will.«
MARX (springt vom Sofa auf, wo er französische Romane gelesen hat): Engels, die Revolution kommt!

VIELE ENGELS (flattern hoch über dem Datenhighway und stoßen im Sturzflug nieder).
MARX (läuft erregt ins Dienstmädchenzimmer).
LENCHEN DEMUTH (in diesem): Bitte, Herr Karl, net schon wieder bumsen. Mit einem illegalen Kind ham' wir doch genug.
VORHANG (eiserner; fällt wieder, ja, aber worüber?).

IV. ICH GORILLA. EINE AUTOBIOGRAPHIE

Daß ich mich schön finde, krieg ich hin mit verdächtiger Mühelosigkeit. Schon auf der Uni hieß ich bei meinen Kommilitonen »der Gorilla«, aber die Kommilitoninnen störte es nicht, sogar im Gegenteil. Ich selber fand schon damals den Gorilla ein schönes Tier; unterdessen wurde dies bei einigermaßen Tierliebenden allgemeine Ansicht.
Mein cartesischer Lehr- und Lebenssatz lautet: Ich bin ein Gorilla, also bin ich.
Als gebildeter Mensch – das ist Teil meines Reizes: ein gebildeter Gorilla – komm ich nicht aus mit Descartes, dem Tüftler und Pedanten; zumindest brauch ich noch Rilke, den Zarten und Tiefen. Denn nicht ob ich wirklich schön bin, ist mein Problem, sondern ob ich wirklich ein Gorilla bin – oder doch nur dessen schaler Abklatsch, ein kraftloses Zwischenglied zwischen Mensch und Affe, ziemlich tief unter diesem:
»Wer wenn ich schriee, hörte mich denn aus der Gorilla
Ordnungen? und gesetzt selbst es nähme
Einer mich plötzlich ans Herz, ich verginge von seinem
Stärkeren Dasein ...«
Wohl wahr. Was ist gegen seinen Brustkasten der meine, entwickelt, wie er ist? Ich habe weder Lust noch Zeit, ihn weiter

zu entwickeln im Chauvi-Gestank der Kraftkammer, mit dem Resultat, daß außen an meiner schönen Männerseele mir Muskelgeschwüre wachsen, als wäre ich ein Schwarzenegger statt ein Gorilla.

Oh Heimweh nach dem Gorillahaar, dem echten, zotteligen. Ich hab auch ganz schön viel Haare; doch verglichen mit ihm ist mein Brustbewuchs wie die Halbglatze eines Buchhalters, der sich sein Resthaar dauerwellen läßt.

Ich beklage mich nicht wirklich. Wer an meinem Brusthaar ruht, dem kitzelt's genug schrecklich, bzw. genug schön:

»... denn das Schöne ist nichts
Als des Schrecklichen Anfang,
den wir noch grade ertragen ...«

Ach ja, erträglich ist er grade noch, der haarige Kitzel meiner schrecklichen Schönheit, und dies mag mir geringen Vorteil schaffen vor dem echten Gorilla: Wer mich an meiner Brust krault, bleibt am Leben, was immer die sonstigen Wirkungen sein mögen. Hingegen beim authentischen Gorilla ist eben dies schön und schrecklich ungewiß. Gewiß ist er gut wie alle Groß- und Wildtiere. Es hängt jedoch davon ab – ja, wovon hängt es ab? – ob er uns am Leben läßt:

»Und wir bewundern ihn so, weil er gelassen verschmäht
Uns zu zerstören. Ein jeder Gorilla ist schrecklich.«

Bei Rilke für »Engel« konsequent »Gorilla« zu substituieren, ist ganz schön hart, aber nicht ganz ungerecht. In die Süße seiner Reime kommt etwas Urwaldparfum, schadet das ihm? Also den Engeln schadet's nicht. Sie sind, auch bei ihm, keine Englein mit pädophilen Pausbacken, sondern männlich und wild, Würgeengel gegebenenfalls, die von Haus zu Haus gehen und töten. Von diesem virtuellen Engelbosnien ist's nicht weit zum Würgmenschen und eher noch ein Stück weiter zum edlen Affen, unserm Bruder.

Ja, herzlich lieber bin ich ein Unschuldsaffe als ein Würgen-

gel. Da nehme ich meine Häßlichkeit in Kauf, zumal da sie doch verschwistert ist mit meiner Schönheit. Edgar Degas, als er 1872 New Orleans besuchte, schrieb heim nach Paris, der flüchtige Realist unter den Schönheitsmalern:
»Die hiesigen Frauen sind fast alle schön, und viele haben in ihren Reizen jenen Hauch von Häßlichkeit, ohne den alle Seligkeit nichts ist.«
Nun denn, bin ich nicht selig, mit meinem starken Hauch von Häßlichkeit?
»Meiner Ansicht nach sollten sogar Männer und Frauen mit sehr schönen Gesichtern nicht zugelassen werden«, meint Dostojewskij von einer revolutionär herzustellenden Zukunftsgesellschaft. Die *sehr* Schönen werden nicht zugelassen, die Schönen vielleicht geduldet, die Schönen mit Hauch von Häßlichkeit hingegen sicher: Also habe ich meinen revolutionären Platz in der Republik Zukunft.
Das ist ganz schön arrogant gedacht von mir über mich. Denn was ist mit den *sehr* Häßlichen? Sind die ausgeschlossen aus der Zukunft wie die *sehr* Schönen, so daß Platz nur bleibt fürs moderate Mittelmaß, fürs Mischmasch von Schön und Häßlich? Ich Affe, gehör ich denn zum Mittelmaß? Bin ich nicht vielleicht doch, und dies wäre die Essenz meiner Aff- und Schönheit, Bürger im Reich des *Nichts*-als Häßlichen?
Dann wäre ich ein Opfer sehr aktueller Art: im Zeitalter der Häßlichkeit selber häßlich, Produkt der Anpassung, Gleichschaltung, Plattwalzung. Aber wie kann ich dann ein Affe sein? Die Affen sterben aus, wie alle Schönheit. Ich aber lebe als Häßlicher munter weiter in der Häßlichkeit wie der unedle Fisch im verdreckten Wasser.
Man halte mir zugute, daß ich nach Wegen suche, weiterhin Affe zu sein. Die Alten, lese ich im Frisk'schen Lexikon der griechischen Etymologie, meinten: lateinisch »foedus«, »häßlich«, sei verwandt mit griechisch »pithekos«, »Affe«.

Wären dann also wir gemeinsam, der Affe und ich, alte Helden der Häßlichkeit, der Schönheit dienend, indem wir ihr *uns* vorhalten als Zerrspiegel, klagend: »Ohne dich ist's nicht auszuhalten. Oh kehre wieder, schöner Affe!«
Sind wir häßliche Schönheitsdurstige, durch unseren Durst geadelt, eben doch – na also! – selber schön, sei's auch in Maßen?
Dann wäre ich also gerettet, und nicht nur durch meine Verwandtschaft zum Affen, sondern, ärger noch, durch meine Verwandtschaft zum Affen aller Affen: zum *Teufel*, welchen nämlich die mittelalterlichen Theologen sehr tiefgründig nannten: »simia Dei«, »Affe Gottes«.
Denn der sittlich Häßliche, d.h. sittlich Hassenswerte, aber sinnlich Schönheitslüsterne und selber sinnlich Schöne – genau das ist der Satan.
So schön bin ich aber auch wiederum nicht, daß ich mich ihm vergleichen könnte. Zur Schönheit des Gorilla reicht es vielleicht, aber zur Schönheit Satans?
Eine maßlos schöne, rettungslos bezaubernde Frau nennen die kundigen Franzosen »une beauté de diable« – »eine Schönheit des Teufels«. Sie wissen, wovon sie reden, denn der Teufel ist ein Engel, und zwar der schönste.
»Oh Du, der klügste, der schönste der Engel,
Du Gott, von Gott genaseführt,
Betrogen ums Lob, das Dir gebührt,
O Satan, meiner Qualen Gequengel,
Erbarme Dich Du,
Längst leid ich allzu.«
Das war die Hauptqual, von der Baudelaire quengelte, ein eher unansehnlicher, ja häßlicher Mann, der klügste, der schönste der Satanspoeten: »L'univers hideux«, »das häßliche Universum« – nämlich ohne genug Platz für Liebe und ohne klaren Sieg der Liebe.

Das ist auch die Biographie des Teufels: Er war einer der Söhne Gottes, der ältere Bruder Christi – plötzlich verbannt ihn Gott Vater, er wird Luzifer, der lichtbringende Stern, den Nebukadnezar aus dem Himmel stürzen sah. Was hat er angestellt? Gott hat ihn genasführt, in Versuchung gestürzt durch den Anblick der schönen Menschentöchter auf Erden.

Nicht nur der Teufel, eine ganze Schar seiner Mitengel, Kirchenväter meinten: Ein volles Drittel aller Engel – verliebte sich in die Schönen dieser Erde und verlor seinen Engel-Status. Bewahrt aber haben sich der Teufel und alle seine Mitteufel Stücke ihrer Schönheit, jene nämlich, die der Liebe entspringen.

»Ob du kommst aus dem Himmel oder aus der Hölle, was kümmert's mich, oh Schönheit, Monster ohne Maß«, quengelt Baudelaire.

»O. K.«, entschied meine Herzensfreundin mit der ihr eigenen Erdnähe. »Du hältst dich also für schön, weil du ein Gorilla bist oder sonst ein Affe oder gar ein Teufel. Da ist schon was dran. Aber ist das alles, warum du schön bist?«

Da schmolz mein weites Affen- oder Teufelsherz, und ich erkannte: *Schön ist der Häßliche, wenn er geliebt wird.*

Auch schon, wenn er selber liebt, verschönt sich der Häßliche.

Geschieht gar beides, wird er geliebt *und* liebt selber – ist der Häßlichste der Schönste.

Ich bin der Häßlichste, ich bin der Schönste!

Die Affen haben ja mit der Liebe kein Problem. Wie schön sind sie, wenn sie einander umarmen, lausen, lieben! Und die abgrundhäßlichen, liebesleeren Menschenforscher, die Gottes Affen mißbrauchen zu Versuchs-, sprich Folterzwecken, in der tiefsten Hölle werden sie landen, und der Teufel persönlich, dieser Experte für Liebe, wird sie foltern wie sie die Affen, nur ärger.

Der Teufel aber, dessen hohe Seele der unbegreifliche Gott als Sondermülldeponie alles Bösen eingerichtet hat – wegen des schönen Vergehens, die Menschentöchter geliebt zu haben? –, ihm wird eben deswegen vergeben werden am Tage der »Apokatastasis«: der letzten Verzeihung nach dem letzten Gericht (gemäß dem Glauben des heiligen Origenes).

Ich blicke in den Spiegel, selten, denn ich bin zu eitel, als daß ich mich meiner schönen Häßlichkeit ständig vergewissern müßte – wenn aber, dann sehe ich drin den Stand meines jeweiligen Liebens und Geliebtwerdens. War gerade beides ganz besonders, bin ich besonders schön.

Und häßlich kaum noch, außer durch meinen Charakter. Auguste Rodin, Bildhauer, der nicht Menschen meißelte, sondern gleich Charaktere, behauptete:

»Was in der Natur für häßlich gilt, zeigt oft mehr ›Charakter‹ als das, was man für schön hält, weil in dem nervösen Spiel einer krankhaften Physiognomie, in den tiefen Spuren einer lasterhaften Maske, in jeglicher Mißbildung, in jedem Brandmal die innere Wahrheit viel leichter aufblitzt als auf regelmäßigen, gesunden Zügen.«

Schau nur genau in den Spiegel. Krankheit, Laster, Mißbildung, Brandmal – innere Wahrheit. Und wird sie bloß überdeckt, übermalt vom äußeren Genuß des Liebens und Geliebtwerdens? Oder umgeschaffen, umgeschmolzen, aufgelöst? Hat Liebe soviel Kraft wie in der Gotik des Victor Hugo: Der Glöckner von Nôtre Dame, der furchterregende, abscheuliche Buckelmann – aus Liebe stürzt er sich vom Turm, plumps, und ist erlöst durch Liebe.

Schauer rinnen übers mangelhafte Rückgrat des modernen Geschmackssicheren, Romantik- und Emotionsverächters. Hätte der liebende Häßliche – schon dadurch ward ihm Glück – zurückgeliebt werden sollen durch die schöne Esmeralda – um sein Glück vollkommen zu machen?

Esmeralda oder der Sturz vom Turm? Ist Esmeralda an allem schuld? Sind immer die schönen Esmeralden schuld, weil sie die buckligen Quasimodos nicht lieben oder nicht genug? Mangelt es den Esmeralden an Intensität, Ausdauer, Hingabe an die Häßlichkeit?

Muß ich, schön wie ich bin, gleich wieder häßlich werden, sobald ich nicht mehr geliebt werde? Ach was, ich fahre nach Paris, und wenn sich dort nichts ergibt, Paris ist auch nicht mehr, was es war – stürze ich mich von Nôtre Dame herab. Es ist schon vielen gelungen, die Sicherheitsmaßnahmen sind mangelhaft.

Trotzdem, ich halte den Fall des Glöckners von Nôtre Dame für eine Ausnahme. Insgesamt ist es doch eher umgekehrt: Es ist verblüffend, wie viele Häßliche Liebesglück haben und dadurch schön werden – und wie viele Schönlinge kein Liebesglück haben, obgleich sie schön sind, aber eben doch nicht, weil sie nicht geliebt werden.

Ach, aus ganzem Herzen gönn ich den Schönlingen ihr mangelhaftes Glück, und aus ganzem Herzen gönn ich mir Häßling mein vollendetes Glück, durch Liebe schön zu sein. Die Schönlinge, offen gesagt, waren mir schon immer unsympathisch, und ich mir schon immer sympathisch. Gorillas sind eben attraktiv, Teufel geradezu unwiderstehlich.

Usw. Ja, und so weiter. »Wie ein Wunder kam die Liebe« – das Leben des Häßlichen als eine Operette ohne Ende. Kitsch as kitsch can. Einen Schmarr'n, das dicke Ende kommt schon noch. Schiach wird es werden. »Schiach« ist ein bayerisch-österreichisches Wort, das aufs bündigste zweierlei zusammenfaßt: 1) häßlich, 2) Furcht und Schrecken erregend.

Das Häßliche, schön durch die Liebe, wird zum Schönen, häßlich durch den Tod.

»Wer die Schönheit angeschaut mit Augen
Ist dem Tode schon anheimgegeben,

Wird für keinen Dienst auf Erden taugen,
Und doch wird er vor dem Tode leben,
Wer die Schönheit angeschaut mit Augen ...
Ach er möchte wie ein Quell versiechen,
Jedem Hauch der Luft ein Gift entsaugen
Und den Tod aus jeder Blume riechen:
Wer die Schönheit angeschaut mit Augen,
Ach, er möchte wie ein Quell versiechen!«

August Graf von Platen, Reimklingler mit Tiefgang. Ja gewiß, am Siechtum wird's nicht mangeln, Mister Gorilla.

Wie entkommen wir dem Tode, liebe lebensdurstige Mitgorillas? Natürlich gar nicht. Aber ich bin doch schön, aber es ist doch schade um mich!

Wie strahlt meine fast gorillabreite Brust im Schweißglanz des Glücks! Darunter sind die Spare Ribs meines nicht einmal eßbaren Kadavers.

Wie blitzen meine jugendlüsternen Menschenaugen aus dem alternden Gorillaschädel! Abgenascht von den Würmern wird er neue Schönheit haben, und mit dem Totengräber von Hallstatt im Salzkammergut, der die Schädel kunstsinnig bemalt, habe ich vereinbart, daß auch der meine bunte Blümlein draufkriegt.

Inzwischen will ich sorgsam mißverstehen, daß das Christentum eine Religion des Lebens wäre. Ja, ja, Jesus, ehe er ermordet wurde auf dem Folterkreuz, liebte, wie man aus Musical und Film weiß, das Leben und die Magdalena.

Während er lebte, wurde er geliebt, und gestorben ist er, als er nicht genug geliebt wurde. Wie leicht wäre er zu retten gewesen, durch eine ausreichend entschlossene Schar ihn ausreichend Liebender! Das ist Theorie, falsch wie die meisten Theorien. In der Praxis starb er eben – uns was vor.

Nicht genug Christ ist, wer nicht das wandernde Woodstock Festival sieht: Jesus und die Jünger ziehen durch die Gegend,

schmausend, liebend, reiche Frauen sponsern sie. Nicht genug Christ ist, wer nicht sieht, wie bravourös der Pseudo-Hippie stirbt. Er lebte provisorisch, er starb provisorisch.
Ich blicke in den Spiegel. Schau genau, spüre das Häßliche, das Schöne, das Provisorische.
Welche Schweinerei (nein, Schweine sind feinfühlende Wesen), glücklich zu sein im Elend rund um den Globus! Die Kunst des reichen Lebens inmitten Armut, wie verzweifelt leicht lernt sie sich.
»Ein Bruder aber, der niedrig ist«, steht gleich eingangs im Jakobus-Brief, »rühme sich seiner Höhe, und der da reich ist, rühme sich seiner Niedrigkeit, denn wie eine Blume des Grases wird er vergehen. Die Sonne geht auf mit der Hitze, das Gras verwelkt, und seine Blume fällt ab, und seine schöne Gestalt verdirbt.«
Hallo, schöne Blume im Spiegel. Verliebt winke ich mir zu.

V. DER JUNGE AUGUSTINUS. EINE OPERETTE

(Einfaches Gemach. Augustinus kommt zur Tür herein, 76 Jahre, 430 n. Chr., sein Todesjahr. Er ist anachronistisch gekleidet in reichem Bischofsornat: Er sieht aus wie die Augustinus-Statue des Luca della Robbia, um 1450, in der Kirche Santa Maria delle Grazie, Arezzo. In einer Ecke des Zimmers eine Kopie dieser Statue. Augustinus legt die Stola ab, steigt auf den einzigen Stuhl und setzt seine Bischofsmütze auf die Bischofsmütze der Statue.)
AUGUSTINUS: Manchmal denk ich mir, es müßte wieder schön sein, mit zwein oder drein. Ich könnte auch noch, durchaus. Überall ist mein Flaus schon grau, unten noch schön rot. Armselig, wessen Ästhetik nicht verrückt werden

kann – ja, verrückt aus der Ästhetik ins Göttliche. Im Falle des Phalles fällt alles. Es fällt hinauf. Wer das nicht begreift, ist ein Idiot. Er begreift, beriecht, begrapscht nicht, was wahre Liebe ist. Diese umfaßt die ganze Menschheit. Die Menschheit muß begreifbar sein, beriechbar, begrapschbar.

Fleischeslust ist versteckte Menschheitsliebe ist versteckte Gottesliebe. Der Weg von der Pornographie zur Theologie ist kurz, aber schwer zu finden.

(Es klopft. AUGUSTINUS antwortet nicht.)

(ZWEI NONNEN betreten, nach wiederholt vergeblichem Anklopfen, das Zimmer.)

ERSTE NONNE: Ihr Tee, Exzellenz.

ZWEITE NONNE: Ihr Toast, Exzellenz. (Sie lächelt und fügt hinzu:) Mit etwas Butter.

AUGUSTINUS (nimmt seinen Bischofsring vom Finger und wirft ihn unters Bett.)

BEIDE NONNEN: Oh. (Sie knien nieder, um den Ring hervorzuholen, mit emporgereckten Hinterteilen.)

AUGUSTINUS (holt aus dem Nachtkastl-Ladl seine Brille und betrachtet die beiden.)

BEIDE NONNEN (halb unter seinem Bett, suchen weiter).

AUGUSTINUS (entkleidet sich. Unter dem Ornat, quasi als heidnische Unterwäsche, trägt er eine römische Tunika mit schmalem goldenen Gürtel. Er ist dick, aber körperlich noch sehr gut beisammen, man sieht es.)

(Beliebig viele BISCHÖFE UND NONNEN kommen durch Türe und Wände. Sie tanzen und singen, AUGUSTINUS mit ihnen.)

AUGUSTINUS (singt und tanzt):

Ich bin der heil'ge Augustin,
Bevor er heilig wurde,
Als Junger war ich ziemlich hin,
Ich soff und stahl und hurte.

Ich bin noch lang nicht heilig,
Drum küsse ich noch eilig
So manche Buhlerin.
Meine Mutter Monika
Sucht mich in ganz Afrika
Ach Mama, ach Mama,
Ich bin da, ich bin da,
Bin mitten unter ihnen,
Hübschlerinnen, Konkubinen,
Ganz Karthagos flotte Bienen.
NONNEN (singen und tanzen):
Oh du lieber Augustin,
'S römische Reich ist hin,
Bald ist es Schluß mit Lust,
Heil'ger August!
Jetzt kommt Dein Gottesstaat,
Gott, wird das fad.
Komm, genieß Frauenglück,
Einst warst Du schlank und schick,
Jetzt bist' ein Bischof dick,
Komm, genieß' Glück.
Mann ist hart, Bischof weich,
Beid's probiert, kein Vergleich.
Bald kommt das Himmelreich.
Aber nicht gleich.
Aber nicht gleich.

(Tumult. Orgie. Kein Vorhang,
ALYPIUS, auch ein Bischof, kommt herein und verjagt, seinen Bischofstab schwingend, die Orgiasten. Sie verschwinden durch Tür und Wände.)
AUGUSTINUS (liegt flach auf dem Boden, er ist immerhin 76.)
AUGUSTINUS:

Wer älter wird, wird frömmer und geiler. Wer davon nichts weiß, ist noch nicht alt.
(ALYPIUS war Gefährte seiner Studien und Ausschweifungen, ein reicher Adeliger, cool und souverän. AUGUSTINUS war ziemlich arm und schüchtern, überwuchs ihn dennoch oder deswegen. Gemeinsam mit AUGUSTINUS wurde ALYPIUS Mönch, Priester, schließlich Bischof. Er sitzt auf der Bettstatt und blättert in den »Bekenntnissen« des Augustinus.)
ALYPIUS:
Immer hast du's mit den Brüsten. (Liest:) »Erhöre mich, Herr ... Denn niemand ist vor dir frei von Sünde, nicht einmal das Neugeborene ... Welche Sünde also beging ich damals? Daß ich schreiend nach den Brüsten begehrte? Täte ich das heute, wäre ich gierig zwar nicht nach dem Gestilltwerden, aber nach einer meinen Jahren angemessenen Speise ...«
AUGUSTINUS (erhebt sich halb vom Boden, auf dem er liegt, und seufzt.)
ALYPIUS (liest weiter:) »Also macht nur die Schwäche ihrer Glieder, nicht ihr Geist, die Unschuld der Säuglinge aus ... Kann man das Unschuld nennen, wenn der Quell der Muttermilch reichlich, ja überreichlich fließt ... Wo oder wann war ich ohne Schuld? ... ich kleines Kind und großer Sünder.« (Klappt das Buch zu.)
FRIEDRICH NIETZSCHE (kommt durch die Tür, an der Hand seiner MUTTER. Sie setzt sich aufs Bett, entblößt ihre Brust und gibt ihrem Fritz zu trinken.)
AUGUSTINS MUTTER MONIKA (schwebt aus dem Schnürboden mit großen Flügeln und im weißen Engelshemd. Sie starb 387. Sie setzt sich aufs Bett, entblößt ihre Brust und gibt ihrem Gustl zu trinken.)
NIETZSCHE (gestillt, wischt sich den Schnauzbart und beginnt zu schimpfen, aus dem Nachlaß 1882–1888:) »Die Mi-

schung demütiger Servilität mit einer hoffärtig-pöbelhaften Zudringlichkeit, mit der sich z.B. der heilige Augustinus in seinen Confessiones vor Gott wälzt, erinnert daran, daß der Mensch vielleicht nicht allein unter den Tieren das religiöse Gefühl hat. Der Hund hat für den Menschen ein ähnliches religiöses Gefühl.«

AUGUSTINUS (gestillt, wischt sich das glatte Kinn, singt:)

Gestatte, Herr,
Im Vergessensmeer
Laß mich fischen
Zwischen
Üpp'gen Brüsten
Nach dem keuschen Amethysten.
Vor Alkohol schützt Amethyst
Auch heut den Automobilist.
In tibet'scher Klosterbrüder
Beterhände dunkel glüht er
In Rosenkränzen zart.
Es rät die heil'ge Hildegard:
Garst'ge Leberflecken frißt
Ein naßgespeichelt' Amethyst.
Ach Herr, wie viele Amethyste
Ich zuhanden haben müßte,
Wegzuspeicheln meine Lüste.

(Gepolter. Über dem Mittelgang des Zuschauerraumes rumpelt ein Karren und gelangt über eine Rampe auf die Bühne. Im Karren steht LOU SALOMÉ, Freundin NIETZSCHES und dessen Freundes PAUL RÉE. Dieser zieht keuchend den Karren. LOU schwingt eine Peitsche. Im Zimmer des AUGUSTINUS angelangt, gebietet LOU, mit einem Schnalzer ihrer Peitsche, Halt. Sie springt vom Karren und schirrt NIETZSCHE an den Karren. Dann macht sie dasselbe mit AUGUSTINUS.)

LOU (singt:)
Ich peitsche,
ich peitsche,
Insbesondere die deutsche
Philosophie
In die Knie.
(Sie peitscht. Die Männer stöhnen.)
NIETZSCHE: (»Die fröhliche Wissenschaft«, 1881, 3. Buch:) »Habt ihr nicht von jenem tollen Menschen gehört, der am hellen Vormittage eine Laterne anzündete, auf den Markt lief und schrie: Ich suche Gott! Ich suche Gott! ... Wir haben ihn getötet – ihr und ich! Wir alle sind seine Mörder! ...«
AUGUSTIN:
Oh lieber Fritz,
Leih mir den Spitz
Von deinem Federmesser.
Mit ihm geht alles besser.
Wir kitzeln Gott!
Is' er wirklich tot?
NIETZSCHE:
Ich mische mich in nichts mehr drein,
Bald sperrt mich meine Mutter ein.
Ja, das wird fein.
LOU (singt:)
Ihr Klemmis, küßt mir den Schuh,
Macht vor Angst Bubu,
Macht vor Geilheit Lulu
Vor der großen fetten Lou.
(Sie peitscht. Die Männer stöhnen.)
AUGUSTIN UND NIETZSCHE (singen):
Wir verbünden uns zum Zwecke,
Gemeinsam zu bringen Gott um die Ecke.
PFERD (krepiert am 3. Januar 1889 auf der Piazza Carlo Al-

berto in Turin. Es schwebt vom Schnürboden mit großen Engelsflügeln und im weißen Engelshemd. Es singt:)

Ich bin der arme Droschkengaul,
Den Nietzsche einst umarmet,
Als mich mein Kutscher auf Augen und Maul
Schlug, hat's den Fritz erbarmet.
Der Fritz hat einen kleinen Pimmel,
Der Fritz hat einen großen Fimmel,
Doch ich bin jetzt im Pferdehimmel,
Dort hab ich's viel besser
Als die meisten Rösser.

NIETZSCHE (»Dionysos-Dithyramben«, 1889:)
»Nein!
Komm zurück!
Mit allen deinen Martern! …
Oh komm zurück
Mein unbekannter Gott! Mein Schmerz!
Mein letztes Glück!«

AUGUSTINUS (»Bekenntnisse«, 1. Buch:)
»Groß bist du, Herr, und lobenswürdig sehr. Groß ist deine Kraft, und deiner Weisheit ist keine Zahl. Und dich loben will ein Mensch, irgend so ein Stück deiner Schöpfung, ein Mensch, mit sich herumschleppend seine Sterblichkeit, mit sich herumschleppend das Zeugnis seiner Sünde und das Zeugnis, daß du den Überheblichen widerstehst. Und dennoch dich loben will der Mensch, irgend so ein Stück deiner Schöpfung. Du treibst ihn an, daß er zu loben dich Freude finde; denn gemacht hast du uns zu dir hin, und unruhig ist unser Herz, bis es ruhet in dir.«

(Ensemblegesang:)

LOU:
Die Philosophie
Muß in die Knie.

AUGUSTIN:
Wir kitzeln Gott,
Is' er wirklich tot?
PFERD:
Ich hab es viel besser
Als die meisten Rösser.
LOU:
Die Philosophie
Muß in die Knie.
AUGUSTINUS:
Die Philosophie
Geht in die Knie.
NIETZSCHE:
Die Philosophie
Geht nicht in die Knie.
AUGUSTINUS:
Ist er wahnsinnig?
LOU:
Er ist nicht wahnsinnig!
AUGUSTINUS:
Gott ist nicht tot?
NIETZSCHE:
Gott ist tot!
LOU:
Die zwei sind tot!
GOTT (donnert:)
Ich bin nicht tot!
PFERD:
Ich hab es besser.
NIETZSCHE:
Es hat es besser.
AUGUSTINUS:
Er hat es besser.

LOU:
Sie ham' es besser.
(Während des Ensemblegesanges peitscht Lou die Männer.)
AUGUSTINS MUTTER (läuft zu diesem und umarmt ihn).
NIETZSCHES MUTTER (läuft zu diesem und umarmt ihn).
NIETZSCHE (umarmt das PFERD).
PFERD (wiehert).
NIETZSCHES MUTTER
Friiitz!
AUGUSTINS MUTTER
Guustl!
AUGUSTIN
Gooott!

(Gesang. Vorhang.)
(Es folgen noch drei Akte, die hier fehlen. Schlußakt:)
AUGUSTINUS (»Bekenntnisse«, VIII/XII/29:)
»Und siehe, ich hörte Stimmen aus dem Nachbarhaus, singend und häufig wiederholend, Knaben oder Mädchen, ich weiß es nicht: ›Nimm, lies! Nimm, lies!‹ – Und plötzlich, mit verändertem Gesicht, begann ich gespanntest nachzudenken, ob denn üblicherweise Kinder bei irgendeiner Art Spiel so etwas singen, aber es kam mir nicht bei, dies irgendwo schon gehört zu haben.«
(AUGUSTINUS beginnt zu weinen, nimmt eine nahebei liegende Bibel und schlägt sie auf. Es ist der Römerbrief des Paulus, 13, 13 f.; liest:)
»Nicht in Fressen und Saufen, nicht in Schlafkammern und Unzüchtigkeiten, nicht in Streit und Neid, sondern ziehet an den Herrn Jesus Christus, und des Fleisches Pflege oblieget nicht in Geilheit.«

ENGLEIN (schweben durch den gesamten Bühnen- und Zuschauerraum, sie tragen die Bibel).
GEMISCHTER KNABEN- UND MÄDCHENCHOR:

KNABEN:
Nimm und lies!
Und vergiß
Deine dummen Herrenwitze.
Treibe höher'n Scherz.
Himmelwärts
Richte deine Spitze.
MÄDCHEN:
Statt in enge Schöße
Auf zu Gottes Größe.
Nimm und lies!
Dreh den Spieß
Endlich um.
KNABEN:
Nimm und lies!
Denn nur dies
Führt dich zum wahren Glück.
Nimm und lies!
Vogel, friß
Oder stirb.
KNABEN UND MÄDCHEN:
Nicht verdirb
Dir die Frist,
Die noch ist.
Schon ziemt Eil!
Bloß und geil,
Geil und bloß,
Zieh' aus die Hos'.
Zieh an dein neues Kleid
Aus Heiligkeit.

(Bißchen Bruckner-Musik.)

AUGUSTINUS (schwach:)
Einst schrieb ich selber Theaterstücke.
Vergebens.
Jetzt schreibt Gott das Spiel meines Lebens,
Ich bin schuld, nicht er.
Gott ist der bess're Dichter.

(Verwandlung. AURELIUS AUGUSTINUS sitzt im Kreis der Christengemeinde seiner Heimatstadt, predigend):

Der Menschheit Sinnlichkeiten
Nicht ersticken, nein, erweiten!
Empor sich steilen zur Gottesglut
Ist der Christen wahrer Mut.
Glut ist höchstes Christengut.
Sich erregen
bringt Segen.

GEMEINDE (erregt, skandiert):
Aurelius, Aurelius,
Unser Bischof werden muß.

AUGUSTINUS (in starker Erregung):
Eigne mich doch nicht für Herden,
Will nicht Euer Hirte werden.

EINIGE CHRISTINNEN (stark erregt):
Am Sich-Erregen
Auf Gottes Wegen
Ist alles gelegen.
Schon spüren unsre Schöße,
Augustinus, deine Größe.

(Sie stürzen sich auf ihn, reißen ihm die Kleider vom Leibe und zwingen ihn roh in bereitgelegten Bischofsornat.)

AUGUSTINUS (stark erregt):
Nein, ich will es nicht.
Nein, ich will es nicht.

CHRISTINNEN (stark erregt):
Du muß, du mußt, s'ist deine Pflicht.
AUGUSTINUS (immer erregter):
Bischofskleid ist mir zu enge,
Ich brenne, ich senge,
Ich singe in Brünsten,
Ich halt' nichts von den kühlen Künsten
Der Administration.
Nicht Bischofsthron,
Feuerthron
Sei meiner Gluten Flammenlohn.
Ein jeglicher Ornat
Ist mir nichts als fad.

(Er reißt sich los von den ihn haltenden Gemeindefrauen, läßt den Bischofsornat in ihren Händen, die Bischofsmütze setzt er einer von ihnen auf und entflieht.)

(Freilich besinnt er sich später und wird halt doch ihr Bischof.)

(Verwandlung. Die Vandalen lagern vor Hippo, Augustins Bischofsstadt. Sie singen Kriegslieder.)

VANDALEN:
Gottes Geißel sein,
Ja das is' fein, ja das is' fein.
So'n munteres Germanenschwein
Vom fernen Rhein, vom fernen Rhein,
Aus'm finstersten Teutoburger Wald
Tut gern Gewalt
An Jung und Alt.
Mit unserm germanischen Riesenleib
Wünscht so manches geile Römerweib
Einen echt vandalischen Zeitvertreib.
Erst rösten wir sie im Feuer an
Und schmeißense aufs Bär'nfell dann.

Mit unsern langen blonden Haaren
Sin' wir die begehrtesten Barbaren.
Ja, wir Vandalen
Sind die schlimmsten von allen.
Erst tun wir ihnen Gewalt,
Dann machen wir sie kalt.
Doch wenn es uns gefallt,
Machen erst wir sie kalt
Und tun dann ihnen Gewalt.
Ja lustig ist das Vandalenleben,
Beim Vandalenleben liegste nie daneben,
Sondern immer druff,
Sondern immer druff,
Immer feste druff.
Ja, wir Vandalen
Sind die schlimmsten von allen.
WIENER VANDALEN (Sonderkommando):
Hollodero,
Mir san garnet aso.
Wannst uns glei' an Hunderter reibst,
Kann sein, dass du am Leben bleibst.
Sarajewo, Rostock, China,
Aber mir san Wiener.
Vielleicht haun wir dich in die Go,
Aber sonst san ma garnet aso.
WÄCHTER (auf den Zinnen von Hippo:)
Oh merke, Mensch, was du auch tust
Is extrem wurst.
Es gibt keine Genesung,
Genesung ist Verwesung.
Es gibt keine Verwesung,
Verwesung ist Genesung.
Und fallen die Vandalen ein,

Vandalismus kann nur nützlich sein,
Erst aus des Chaos Saat
Wächst, Augustin, dein Gottesstaat.
Drum schert mich nicht, daß alles hin,
Ich bin der Hahn des Augustin
Und auf dem Miste kräh' i':
DE CIVITATE DEI!

(Die VANDALEN erklettern die Mauer. WIENER VANDALE metzelt den Wächter.)

WIENER VANDALE:
Hollodero,
Für'n lieben Augustin sin' wir sowieso.
Oh Du lieber Augustin,
S' römische Reich is' hin,
Jetzt kommt dein Gottesstaat,
Ui, wird des fad.

AUGUSTINUS (fliehend:)
Ach, was gibt's denn noch zu hoffen?
Welcher Ausweg bleibt uns offen?
Gott schiebt uns in den Ofen
Der großen Katastrophen.
Wie lernen wir die Kunst
Zu leben in der Feuersbrunst?
Das ständige Chaos ist schon fad,
Wir ziehen aus aus dem irdischen Staat.
Durch Gottes gnädige List
Du uns nun sichtbar bist,
Oh Staat, der keiner mehr ist,
Nicht-Staat des Jesu Christ!
Ja, ganz deutlich seh i'
Die CIVITAS DEI.

(Die verwüstete Landschaft füllt sich mit Prozessionen. Sie ziehen auf der Bühne hin und her und durcheinander. Alle singen:)

PFARRGEMEINDERÄTE:
Oh hört den Ruf aus frommen Seelen,
Woll'n selber unser'n Bischof wählen.
Wir haben uns schon ausgeschnapst,
Der Drewermann sei unser Papst,
Der Papst sei unser Drewermann,
Drauf kommt's jetzt auch schon nicht mehr an.
EIN TRUPP PRIESTERGUERRILLEROS:
Es schmiß hinaus in hohem Bogen
Der Polenpapst uns Befreiungstheologen.
Doch wir bleiben dabei, daß Jesus Christ
Ein Sozialist gewesen ist.
Und käm' er wieder zu uns her,
Er trüg' im Arm ein Maschinengewehr.
(Schüsse. Herein rollt das Papamobil.)
DER PAPST (singt:)
Ich bin der Papst aus Polen
Und kann nur wiederholen:
Gott, daß du dem Globus gabst
Ausgerechnet mich zum Papst,
Zeigt, daß einen Zorn du hast,
Daß an unserm Grab du grabst,
Statt daß du uns mit Güte labst,
Wo doch die Welt nach Liebe japst.
Kann's sein, daß auch Du im Finstern tappst?
Dumm durch die Weltgeschichte schlappst?
Ohnmächtig zusammenklappst?
Sag, Gott, bist du überg'schnappst?

(Papst entrollt. Fortsetzung der Kolonnen, Tafeln, Transparente, Gesänge.)

1. KOLONNE:
Hölle, was soll uns dein Geknister,
Wir sind die verheirateten Priester!

2. KOLONNE:
Die Ehe ward' uns bald zu düster,
Wir sind die geschiedenen Priester!
3. KOLONNE:
Rümpf' deine Nüster, Philister,
Wir sind die wiederverheirateten Priester!
4. KOLONNE:
Wir kommen ins Guiness-Rekord-Register,
Wir sind die wiedergeschiedenen Priester!
5. KOLONNE (die weitaus zahlreichste, gregorianisch:)
Der liebeskranke Kleriker, wen küßt er?
An wessen Herz sein geistlich' Leid vergißt er?
Des Gleichgesinnten Seel' und Leib vermißt er!
Wir sind die homophilen Priester!
(zu den übrigen 4 Kolonnen:)
Oh Brüder, die Verkehrten
Wähltet ihr als Gefährten!
Täuschtet euch in Frauen
Statt mit euresgleichen euch zu trauen.
Magdalena bringt nur Frust,
Johannes lag an Jesu Brust.

(Kolonnen 1 bis 4 schwenken um und reihen sich alle ein in die homophile Kolonne 5).

ALLE:
Frust nur bringen Magdalenen,
Christen, wollet euch gewöhnen,
Daß Männer sich nach Männern sehnen.

EIN HOHER KIRCHENFÜRST (eilt an die Spitze der Kolonne und singt mit hoher Stimme):
Brüder, spürt mein inn'res Wühlen,
Freundlich euch geneigtes Fühlen
Sich ergießen, überspülen.

(Eine Patrouille der päpstlichen Schweizergarde greift nach

dem Kirchenfürsten, er greift nach einem Gardisten, wird überwältigt und abgeführt.)

6. KOLONNE:

Der die das Kirche – prüft nur genau:
Die Kirche ist immer eine Frau!
Die Kirchin zu befrein aus Banden
Geiler Knaben-Puderanten,
Das ist unser frommes Sinnen.
Wir sind die lesbischen Priesterinnen!
Johannes mit Johannes
Nie so gut kann es
Wie Magdalena mit Magdalena,
Mit Frauen ist's einfach schöner!
Nie wird die Kirche warm
In mißbrauchter Knaben Darm.
Erst im Magdalenen-Schoß
Wird die Kirche wieder groß.

7. KOLONNE:

Die Lesbis und Schwulis lassen wir spinnen.
Wir sind die normalen Priesterinnen!
Wir lassen uns nicht länger hanzeln
von den Chauvi-Priester-Schwanzeln.
Schwestern, schmeißt fort die Jungfernkranzeln,
Schwestern, stürmt Altäre und Kanzeln.
Wir brechen das Brot, wir trinken den Wein,
Wir taufen, wir firmen, wir segnen ein.
Besser als Priester, die hinen,
Sind wir, des Christus Priesterinnen.

(Aus dem Schnürboden schwebt herab, auf Salomons Löwenthron, zu Füßen die Weltkugel und die besiegte Schlange, die Himmlische Jungfrau.)

(Der Augustinus-Biograph Joseph Bernhart, 1955, bemerkt, daß man Karthago nannte: »schlechthin die Carthago Veneris;

sie bezauberte das Auge, und sie erschlaffte den Willen durch die lauen Dünste, in denen die alte phönizische Tanit« – eine Liebes- und Fruchtbarkeitsgöttin – »unter dem neuen Namen der Himmlischen Jungfrau den Dienst der Unzucht aufnahm ... Man tanzte vor dem Bilde der Himmlischen Jungfrau, man feierte Isis« – die ägyptische Liebes- und Fruchtbarkeitsgöttin – »in Prozessionen ...«)
(Alle Priesterinnen und Priester sowie AUGUSTINUS tanzen vor der HIMMLISCHEN JUNGFRAU.)

MARIA MYSTICA:
Schwestern steile,
Brüder geile,
Wollet euch bescheiden,
Wollet Liebe leiden,
Wollet Leiden lieben,
Folgsam tiefsten Trieben.
Konservis und Progressis,
Ossis und Wessis,
Krampfis und Lässis,
Braunis und Blässis,
Schlechtis und Bessis,
LöwInnen schleichet stumm
Freundlich um mich herum.
Lasset euch belehren,
Folget mir zu höher'n Sphären.
Stößet die Mächtigen
Von den Thrönen.
Helfet den Schmächtigen
Zu höheren Löhnen.

AUGUSTINUS (betend:)
INQUIES COR NOSTRUM, DONEC REQUIESCAT IN TE.

MARIA MYSTICA:

Schon reimen sich Schmerz und Herz,
Schon hebt ihr euch himmelwärts.
Doch wollet der Erde nicht gänzlich vergessen,
Der Mensch braucht Fernseh'n und Fressen.
Drum jedem eine größere Fernsehschüssel!
Denn es muß ein bissel
Gerechtigkeit sein.
Oh sehet dies ein!
Es geht nicht ganz ohne.

(Vorhang fällt zu den Klängen der Internationale.)

Rückschreiten Vorstürmen

I. GEIST IST, WAS VERSCHWINDET. EINE BESCHWÖRUNG

Alles Sein verscheint. Aller Schein verhäßlicht. Aller Geist entgeistert. Alle Entgeisterung banalisiert. Es hilft nur noch der heilige Geist persönlich. Umschlag ins Frömmeln. Keine Rettung durch Flucht in soliden Atheismus. Der solide Atheismus starb zugleich mit dem soliden Glauben; eineiige Zwillinge sterben oft gleichzeitig. Was bleibt, ist Ratlosigkeit und Sehnsucht, eine unsolide Mischung. Aber keine Gegenwehr mehr möglich. Komm, Heiliggeist-Taube. Taubenplage. Alles ist Taubenscheiße.

Was ist die verschissene Wirklichkeit? Eine Baustelle, die wir aufgeben möchten. In einen solchen Flop investieren wir doch nicht. Wir kaufen »Cyber Space« – die computergebastelte Scheinwelt, kalt und kitschig, aber sie gerät bald wohnlicher als die Wirklichkeit. Das wirkliche Sein der Welt wird immer wahnwitziger, unregierbarer, unrettbarer.

Wir wechseln Mensch-Sein gegen Computer-Schein zu einem scheinbar sehr günstigen Kurs.

Wir fädeln uns ein in die Datenautobahn, lauter Geisterfahrer, uns entgegen rast – oh Crash, letzte Chance zum realen Orgasmus! – die Göttin Zukunft selber, in ihrem 17-Liter-Allrad, sie hat die Cyber-Brille auf, die Cyber-Handschuhe an,

Cyber-Brüste, Cyber-Po und Cyber-Pussy. Cyber ist das US-Wort für Zauber. Wer auf diesen Schmäh hereinfällt, ist selber schuld. Wir sind alle Europäer, Atlantiker, West- und Weltbürger, Kosmo- bzw. Chaonauten, wir fallen alle herein. Die Göttin Cyber verführt uns oder sogar wir sie, fesch wie wir sind.

Nachher, beim Zigaretterl, Aschenbecher auf der Bettdecke, erzählen wir uns Geschichten. Neulich, erzählte mir Cyber, verführte sie einen jungen Mann oder sogar er sie, fesch wie er war. Fürs Ausrutschen aus der Wahrheit ist Cyber zuständig, dafür ist sie die Fachfrau.

Es war einmal, erzählte mir Cyber, ein junger Mann, und weil dem daheim in Europa graute (Wien), transportierte er sich nach Amerika (São Paulo). Dort graute ihm auch. Aber genug wenig, um Professor an der Universität zu werden, und genug viel, um zwei Romane zu schreiben.

Rasch wird er ein erfolgreicher Autor, transportiert sich rasch zurück nach Hause und schreibt rasch noch einen, vermutlich gleichfalls erfolgreichen Roman. Dazwischen sitzt er im Kaffeehaus, und es ist ihm fad.

Schon ist er nicht mehr ganz so jung, aber reichlich jung genug, um die Frauen wie in São Paulo so in Wien und Berlin … ach, nicht mehr ganz so junger Mann, flüstert Cyber ihm ins Ohr, wann wechselst du über aus dem fad gewordenen Sein in meinen erregenden Schein?

Soeben. Zwischen seinen zwei Romanen und dem kommenden dritten schrieb Robert Menasse rasch noch ein philosophisches Werk, den Roman des Seins, das hinüberwechselt in den Schein.

Was *Sein* ist, weiß kein Schwein bitte. Deshalb haben es die deutschen Philosophen früher mit y geschrieben. Dann schaut es tatsächlich viel besser aus, und es macht viel weniger, daß sie nicht wissen, was es sey. Aber hol der Geier, mit oder ohne y, das Sein. Was *Schein* ist, mit oder ohne y, Herrgott, *das* wissen wir! Der bläuliche TV-Scheyn scheynt allabendlich viele Stunden lang in allen Wohnungen unseres Seyns. Es scheint voran, es scheint voraus, es scheint immer schöner. Auf diesen Schmäh hereinzufallen ist Robert Menasse viel zu sehr Wiener, Mitteleuropäer, Dichter, Philosoph und noch einiges. Sein schmaler Roman vom Geist ist leichte Lektüre. Man versteht nicht, was man liest, aber es macht nichts. Es ist so flüssig unverständlich.

Deutsche Unverständlichkeit schlägt dialektisch um in österreichische Heiterkeit. Und beglückt weiß man am Ende zweierlei: Dieses Büchlein ist ein gewaltiger Faschingsscherz, und jeder wirkliche Philosoph kann sich alle Finger und Zehen abschlecken, wenn er so gut philosophierte wie dieser hier.

Menasse läßt sich nicht lumpen. Der Professor hat seinen Hegel gelesen und überhegelt ihn. Ich glaube ja: Schon Hegel war gar kein Philosoph, sondern ein preußischer practical joker. Na, und erst Menasse, der Schlawiner.

Hegel, das war der komische Typ, vor 1 3/4 Jahrhunderten, welcher, verkleidet als Philosoph, den ersten Roman des Geistes schrieb; wie sich der entwickelt, vom Gespenst, das im menschlichen Kopf spukt, nach vorwärts in die Wirklichkeit. Der Geist verwirklicht sich, wird Caesar, Christus, Dschingis Khan, Napoleon, Hitler, Kennedy, der Papst, Kohl, Jelzin und immer so weiter vorwärts. Der Geist wird Welt, die Welt wird Geist, blablabla.

Und zum Teufel, wo ist er jetzt, der Geist? Geist soll doch was Schönes sein. Der heilige Geist, der Geist des Abendlandes, der Geist des Weines.

Inzwischen wissen wir, wo er ist. Er ist in einem Buch unbekannten Inhalts, das ein älterer Jude namens Singer schrieb, der bei Menasse vorkommt, in dessen ersten beiden Romanen. Menasse selber, fasziniert von Singer, hat zunächst dessen Buch nicht so beachtet. Aber nun wurde er – dank Singers Buch, das Menasse nun schrieb – zum Sherlock Holmes des Geistes, der diesen verfolgt, wie er sich aus Kopf-Schein in Welt-Sein verwandelt, und jetzt, so scheint es, wieder zurück in Cyber-Schein.

Hegel II. Teil: Der wirkliche Geist wird wieder unwirklich; das Wissen, das wirklich weiß, schrumpft zur Wissenschaft, die nichts wirklich weiß, außer immer mehr über immer weniger.

Menasse verarscht den Dampf- und Geistplauderer Hegel auf höchstem Niveau. Ich lese ja Unverständliches immer gern. Es bildet so. Aber noch nie habe ich Unverständliches mit solchem Genuß gelesen, dem Genuß nämlich, endlich auf der Höhe meiner unverständlichen Zeit zu sein.

Auf solcher Höhe ist unsere Zeit, daß ein Rückfall fällig ist – von soviel Schein auf etwas Marxismus; Menasse entledigt sich dieser Fälligkeit mit unauffälligem Charme. Dem bärtigen Karl nimmt er den Zwicker ab, der den Blick etwas stechend macht, und setzt ihm die Cyber-Brille auf. Und siehe, Karl sieht durch durch den Schein.

Um aber Unanständigkeiten unerwähnt zu lassen, Steinzeit-Vokabeln wie Kapital, Profit, Klassenkampf – wird Marx, kaum taucht er auf, höflich zurückverschlüsselt ins Spiel »Wir basteln uns aus dem häßlichen Sein einen schönen Schein«. Auch Marx wird schöner, wenn er zum Cyber-Marx wird.

Gratulation, die schräge US-Vokabel »Virtual Reality« kommt beim graden Menasse nicht vor. »Virtual« heißt auf deutsch »schwindelhaft«. Leise donnert Marx: »Die Computer haben die Wirklichkeit nur virtuell gemacht, es kömmt aber darauf an, sie zu verändern.«

Elias Canetti teilt seinen Roman »Die Blendung« in drei Teile: »Ein Kopf ohne Welt« – »Kopflose Welt« – »Welt im Kopf«. – Heraus mit ihr aus diesem Gefängnis!

II. WIEDERKEHR VON RELIGION. VIER GRÜNDE

»Ein Kopf ohne Welt« – »Kopflose Welt« – »Welt im Kopf« – folgt auf diesen dialektischen Dreischritt des Elias Canetti der entscheidende vierte Schritt: Heraus mit der Welt aus dem Kopf!? Befreien wir sie aus diesem Gefängnis!?

Der Roman, den Canetti in diese drei Teile einschachtelt, heißt »Die Blendung«. Besteht die Blendung womöglich darin, daß wir bloß *meinen*, wir könnten die Welt aus dem Kopf herausholen, herauszaubern – eine Welt gemäß unserem Kopf; wo wir doch längst einen Kopf haben gemäß dieser Welt!?

Die Welt ist uns entglitscht wie ein Stück Seife. Wie sie glitt und rutschte, das lief doch wirklich *nicht* nach unserem Schädel.

Wer wen? Erzeugt unser Kopf die Welt, erzeugt die Welt unseren Kopf?

Wenn, wie es offensichtlich ist, nicht *wir* die Welt erzeugen – wer erzeugt sie? Die Antwort ist altmodisch, unoriginell, unausweichlich. »Jeder endliche Geist glaubt entweder an Gott oder an einen Götzen« (Max Scheler, 1921).

Der Götze sind wir. Mag schon sein, daß der Gott der Frommen nur eine Karikatur Gottes ist, aber der Mensch als Gott ist die Karikatur der Karikatur.

ERITIS SICUT DII SCIENTES BONUM ET MALUM, sprach die Schlange auf lateinisch (Genesis 3,5).

Sein werdet ihr wie die Götter, wissend, was gut ist und was böse.

Übersetzungen stimmen nie. Die griechische und die lateinische Bibel haben *»Götter«*, Luther denkt sich, das ist ja heidnische Vielgötterei, und setzt *»Gott«* in die Einzahl. Im hebräischen Original steht »Götter« *(elohim)*, aber das ist nur grammatisch eine Mehrzahl (von der Einzahl *»el«*, »Gott«).

»Götter« ist in der hebräischen Bibel der häufigste Name für Gott; aus Ehrfurcht: der eine Gott ist alle Götter.
Griechische, lateinische, Lutherbibel – sie alle verdrehen übrigens die Reihenfolge von »Gut« und »Böse«, wie die Schlange sie auf hebräisch verkündet: »wissend das Böse und das Gute«. Das Böse kommt an die Spitze, dann erst das Gute. Die Schlange ist eben eine Realistin.
Seit *wir* Gott aller Götter sind, stimmt es besonders gut, daß das Böse an erster Stelle steht. *Wir* Gott aller Götter – da lachen heute schon die Hühner, die Batteriehendeln und die freilaufenden.
Der Mensch als Gott, dieses altmodische Denkmal ist eingestürzt, nur noch zurückgebliebene Freaks der Gentechnik und der freien Wirtschaft glauben daran. – Und über Schutt und Trümmer des Menschengottmonumentes ebnet sich der Weg der zurückkehrenden Religion.
Wiederkehr Gottes wird geschehen, erstens aus der allumfassenden Gottlosigkeit dieses Zeitalters.
Mikroskopisch auch dadurch, daß ich selber mich Gott nähere durch Gotteslästerung. Schöner ist der Weg zu Gott durch Gottesliebe, aber kann man sich's aussuchen, heute? Die gegenwärtige Rekordsumme von Leiden, Dummheit, Unbegreiflichkeit schreit zum Himmel – so daß Gotteslästerung näher liegt als Gottesliebe.
Aber die beiden sind so unverwandt nicht. Von Liebe zu Haß ist der Schritt kleiner, als man denkt, und retour gleichfalls. Lieber Gott, ich hasse Dich. Lieber Gott, ich liebe Dich.
Eingestreut in dieses Weltalter der Gottlosigkeit ist übrigens schon manche Wiederkehr von Religion, ärgerlich für Christen: Sektenwesen; Esoterik; und am ärgerlichsten: islamischer »Fundamentalismus«.
Auf einen Fundamentalismus anderthalbe: Festhaltend an unseren wackeligen Fundamenten: Freiheit des Kapitals, Frei-

heit des Konsums, Freiheit der Sexualität – sind wir eiserne Fundamentalisten des Westens, im heiligen Krieg gegen die eisernen Fundamentalisten des Islam. Nicht tolerierbar ist die Intoleranz gegen Kapital, Konsum und Sex.

Finster blicken wir Fundis mit Dreitagebart durch unseren Panzer-Sehschlitz auf die finster blickenden Fundis mit Mullah-Bart. Was verstehen denn die von Sex mit Kapital, Sex mit Konsum, Sex mit Sex – frei schwebt der Sex im Nix, bis er selber nix wird.

Wiederkehr von Religion wird geschehen, zweitens, aus dem frei flottierenden Sexualismus dieses Zeitalters.

Es handelt sich um Ismus, nicht um Sinnlichkeit. Rückkehr von Religion wird heißen: vom stumpfsinnigen Drei-Buchstaben-Sex zu umfassender Sexualität und weiter zu allumfassender Sinnlichkeit. Die Identität von Sinnlichkeit und Heiligkeit – ist das große Thema der Zukunft von Religion.

Die Vereinigung von Sinnlichkeit und Heiligkeit ist die Ausschweifung aller Ausschweifungen. Die Orgie aller Orgien (Orgia, griechisch: Gottesdienst).

Auf dem Programm der Welt-, Unheils- und Heilsgeschichte steht die Wiedervereinigung von Sinnlichkeit und Heiligkeit unbeschadet des voll laufenden Gegenprogramms: Auslöschung aller unsittlichen Lüste zwecks Förderung der Wirtschaftsblüte.

Willkommen, Medien und Medizin, ihr beiden größten Wachstumsbranchen, vereinigt in der Anstrengung, uns zu befreien vom Real-Sex. Medien-Sex ist schöner. Noch schöner Medizin-Sex. In-Vitro-Fertilisation – oh sinnreicher Neunsilbler, *mußt* du nicht siegen über den simplen Zweisilbler Liebe?! Nicht im muffigen Bett, in der blitzblanken Kühle der Techno-Med-Maschine – vollzieht sich mit ganz anderer Präzision der Liebesakt zwischen selber schon nicht mehr lustigen Samentierchen und gleichfalls lädierten Eiern.

Löschen wir die letzten drei Buchstaben von Sex! – Aber das wird nicht gelingen, genauer: Es wird nicht rechtzeitig gelingen. Die mediale und medizinische Verbreitung von Nicht-Lust wird überholt werden von der Lust, die nämlich desto süchtiger wird, je trostloser unsere Zustände.
Sex wird wieder Sexualität werden, Sexualität wieder Sinnlichkeit, und Sinnlichkeit abermals sich übersteigern in noch unbekannte Ekstasen, welche die Sexualität – kaum wiedergewonnen – in den Schatten stellen werden.
Emile Cioran, Philosoph der Verzweiflung und aller damit verknüpften Lüste (»Von Tränen und von Heiligen«, rumänisch 1937, deutsch 1990): »Jede Form von Ekstase ersetzt die Sexualität, welche keinen Sinn hat ohne die Mittelmäßigkeit der Geschöpfe.«
Mittelmäßig, wie wir sind, wird Sexualität wieder eine sinnvolle Betätigung; die Elite der Heiligen dagegen geht weit, weit drüber hinaus. Doch spricht dies nicht gegen die Sexualität. Im Gegenteil. Weil nämlich die Geschöpfe »über kein anderes Mittel verfügen, um sich selbst zu übersteigen, kann die Sexualität sie vorläufig retten. Der bewußte Akt geht über seine elementare Bedeutung weit hinaus – er stellt einen *Sieg* über das Animalische dar, denn die Sexualität ist auf physiologischer Ebene das einzige Tor, das sich zum Himmel eröffnet.«
Die menschliche Sexualität, tüchtig ausgeübt, ist nicht nur nichts Animalisches, sondern sogar ein Sieg über dieses. Der Orgasmus öffnet das Himmelstor.
Vorbehaltlich höherer Ekstasen der Heiligen, die dieses Alltagstor der Mittelmäßigen weit überbieten. Das Himmelstor öffnet sich mittels Sexualität aber nur, schränkt Cioran sehr genau ein, »auf physiologischer Ebene«. Durch fest Bumsen in den Himmel kommen, das begreift jeder. »Auf moralischer Ebene« ist es schon schwieriger; denn es gibt das Böse: Leid,

Elend, Krieg, Kapitalismus, Sozialismus usw. »Auf aesthetischer Ebene« ist es am schwierigsten; denn es gibt das Häßliche, es wächst tagtäglich, und das Schöne schwindet.
Doch im gleichen Maße wächst die Sehnsucht.
Es fällt herzlich schwer, heute zu sagen, daß sich mittels Schönheit das Tor zum Himmel öffnet – vielleicht nur noch ein Hintertürl zum Himmel. Darauf aber bestehe ich.
Die Rückkehr von Religion wird geschehen, drittens, durch Schönheit: durch abertausend Lieder, Gedichte, Bilder, Geschichten.
Lieder und Gedichte sind sowieso out. Desto dringlicher brauchen wir sie. TV-Bilder und TV-Geschichten haben wir in Überfülle; an der Überfülle sterben wir. Es helfen nur noch die stärksten Bilder, die stärksten Geschichten. Nur die Religion liefert sie.
MYTHOS heißt griechisch einfach: Rede, Erzählung, Gespräch, Unterhaltung – das ist genau, was die Bilder und Geschichten aller Religionen bringen. Christliche Theologie und moderne Wissenschaft, in der Religion nicht vorkommt – sie haben beide die entlarvende Gemeinsamkeit, daß sie den Mythos nicht leiden können.
In Tirol gibt es mehrere Marienheiligtümer, die entstanden, weil im dort fließenden Bach Maria die Windeln des kleinen Jesus wusch. Im Burgenland gibt's ein Gnadenbild, auf dem die Madonna sechs Finger hat (»Unsere liebe Frau mit den sechs Fingern«). Ein wundertätiges Bild der Maria wurde von den Schweinen eines frommen Hirten aus der Erde gewühlt, wie sonst die Trüffeln. Der heiligen Brigitte erzählte Jesus nachts, er habe 4085 Geißelhiebe gekriegt und 30000 Blutstropfen geblutet. Und wer 13 Jahre lang täglich 7 Vaterunser betet und 7 Ave Maria, bewahrt sich und 3 Anverwandte sicher vor dem Fegefeuer. Und ...
Religion sind tausend Bilder und tausend Geschichten, die

kein vernünftiger Mensch glauben kann. Wenn du sie in deinen PC eingibst, stürzt er ab.
Religion ist zum Naserümpfen. Religion ist zum Wütendwerden. Religion ist zum Aufgeben. »Fanatismus der Demut. Nicht einmal danach trachten, die Religion zu begreifen.« – »Der Aberglaube ist Quelle und Sammelbecken aller Wahrheiten.« – »Selbst wenn es keinen Gott gäbe, die Religion wäre immer heilig und göttlich. Gott ist das einzige Wesen, das, um zu herrschen, nicht einmal des Daseins bedarf.« – Baudelaire, Tagebuch, Blätter 1,4 und 29.
Religion ist jene umfassende, absurde Wirklichkeit, die unsere moderne, rationale Teilwirklichkeit zur Explosion bringt wie das Rumpelstilzchen, dem du seinen Namen zugerufen hast.
Wiederkehr von Religion wird geschehen, viertens und offenkundigst, aus der Halt- und Ratlosigkeit, Sinn- und Fühllosigkeit des modernen, postmodernen, post-postmodernen usw. Menschen.
Nur noch die schärfste Medizin hilft. Kein Ismus, sondern Gott.

III. MEHR OPIUM, HERR! – FESSEL ODER FREIHEIT, EIN GOTTES-QUIZ

Danke, Marx. Du bist, wie jeder gute Atheist, gut für gute Christen. Man muß dich nur auf den Kopf stellen. Es geht ganz leicht, es ist, als hättest du's drauf angelegt, gestellt zu werden. Innen drin im Marx ist ein Gen, das die Religion weitervererbt, vertieft, verstärkt.
Marxismus ist wie diese Glasdinger, in denen es zu schneien beginnt, wenn man sie auf den Kopf stellt; Religions-Schnee im Marxismus-Glas. So oft du Marx auf den Kopf stellst, schneit es Religion.

Ich steig aus den Schlapfen und aufs Bett. Oben drüber sind die Reihen mit Religion und Marxismus. Überall sind Bücher, ein wärmendes Gehäuse, die interessantesten habe ich über meinem Bett. MEW, Marx Engels Werke, Bd. 1, Zur Kritik der Hegelschen Rechtsphilosophie. Einleitung. 1844; 26jährig ist das junge Genie.

Da steht fast alles, was vom Marxismus der Christ so braucht (gebraucht, mißbraucht).

»Das religiöse Elend ist in einem der Ausdruck des wirklichen Elends und in einem die Protestation gegen das wirkliche Elend. Die Religion ist der Seufzer der bedrängten Kreatur, das Gemüt einer herzlosen Welt, wie sie der Geist geistloser Zustände ist. Sie ist das Opium des Volkes.«

Heute gelesen, ist schleierhaft, wie man das so mißverstehen kann, wie es Marx selber mißverstanden hat: als irreligiös. Im Gegenteil. Es ist bessere Theologie als die meiste heutige, sei sie vatikanisch oder drewermanisch.

Wie zart gefühlt: Nicht »Religion« ist in diesem Text der Anfang und die Zielscheibe, sondern sehr höflich: »das religiöse *Elend*«. Wie präzise: Religion ist der Zustand, elend zu sein vor Gott. Vor Gott sind wir alle elend. Marx in einer vorderen Reihe, ein Ehren-Elender.

Es handelt sich nicht um nichts als Illusion. Wieder sehr präzise: »Das religiöse Elend ist in einem Ausdruck des *wirklichen* Elends und in einem die Protestation gegen das *wirkliche* Elend.« Jung-Marx spricht vom religiösen Elend als Wirklichkeit.

Wie realistisch: Wirklich im Elend befindlich, *protestieren* wir – sei's aktivistisch, sei's resignativ. Wir *seufzen* in unserem Elend, sind das protestierende Kollektiv*gemüt* dieser Menschenwelt, weil diese wirklich *herzlos,* wirklich *geistlos* ist.

Gott ist unverständlich, erläutert uns Marx. Gott lädt uns zur Gottlosigkeit ein. Hiob sitzt auf der Erde und kratzt seine

Schwären mit der Scherbe. Er soll aufstehen und Revolution machen. »Nicht Religion, Revolution ist das Opium des Volkes« (Simone Weil). Ach Gott, wer denkt denn noch an Revolution?

Hiob betrieb Religion als Phänomenologie der Religion: So erscheint der Mensch, dieses religiöse Tier. Zoologie der Religion. Existenzialismus. Schluß mit Blabla: »Sie ist das Opium des Volkes.«

Was ist das für ein Opium? Es ist Opium als Wahrheits-Serum. Mehr Opium, Herr!

Heinrich Heine und Karl Marx waren in Paris befreundet; später nicht mehr, so war das meist bei Marx, dem Wutschädel. Der junge Philosoph stahl mancherlei vom alternden Dichter. *»Weltrevolution«* gebrauchte er als erster Heine. Bei ihm gab's auch *»Opium«* als existenzialistisch-kritischen Fachausdruck.

Fassungslos zitiert vom begabten Spießer der marxistischen Literaturkritik, Georg Lukács (»Deutsche Realisten des 19. Jahrhunderts«, 1950) – bekennt Heine:

»Aber ich habe auch meinen Glauben. Denken Sie nur nicht, daß ich ohne Religion bin. Opium ist auch eine Religion. Wenn so ein bißchen grauer Staub in meine fürchterlich schmerzenden Brandwunden gestreut wird und dann der Schmerz danach gleich aufhört, soll man da nicht sagen, daß dies dieselbe beruhigende Kraft ist, welche sich in der Religion wirksam zeigt? Es ist mehr Verwandtschaft zwischen Opium und Religion, als es sich die meisten Menschen träumen lassen.« Folgt das typisch Heine'sche Schwänzchen hinten dran, auf daß Religion erträglicher werde durch Ironie:

»Wenn ich meine Schmerzen nicht mehr ertragen kann, nehme ich Morphium, wenn ich meine Feinde nicht totschlagen kann, übergebe ich sie dem lieben Gott, nur – setzte er nach einer kleinen Pause lächelnd hinzu (ergänzt der Berichterstatter dieser Worte, Adolf Stahr) – nur meine Geldangelegenheiten besorge ich lieber noch selbst.«

Wer von wem die Sache mit dem Opium hat, ist offen. Marx schrieb den Opium-Satz schon 1843/44, Heines obiges Bekenntnis stammt aus 1848/49. Friedrich Engels freilich versichert betreffend die Heine'sche Religions- und sonstige, konkret politische Kritik: »Was aber weder die Regierung noch die Liberalen sahen, das sah bereits 1833« – da war Marx 15, Engels 13 – »wenigstens ein Mann, und der hieß allerdings Heinrich Heine.«

Religion als religiöses Elend sahen so seltsame Hiobs wie Heine und Marx, und soviel ist heute wohl klar: Man kann gar nicht genug Hiobs haben.

Einst in den Sechzigerjahren gab's die damals aufregende Erklärung marxistelnder Theologieprofessoren, seither ausgestorben oder ausgerottet: Religion sei tatsächlich Opium des Volkes, dies aber nur zeitbedingt, in bösen (kapitalistischen) Zuständen, in besseren (echt sozialistischen) nimmer. – Das ist zu brav. In *allen* menschlichen Zuständen ist Religion, was immer Schöneres sonst, *auch* Opium.

Der religiöse Mensch ist auch ein Drogi, ein Giftler. Orgie, griechisch: Gottesdienst, ist, eleusinisch unter der Erde, dionysisch auf den Gebirgen, auch Rausch. Je religiöser der Rausch, desto überflüssiger die materielle Droge. Religion ist Opium ist Erkenntnisdroge.

Religion ist ein besonderes Opium, Wahrheitsdroge, die eine Wirklichkeit enthüllt, in der die Menschen dastehen und nicht mit sich selber, nicht mit den von ihnen geschaffenen Zuständen zurechtkommen. Daß sie Zustände schaffen können, in denen sie *allein* mit sich selber zurecht- und auskommen, dafür gibt es keine empirischen Hinweise, heute weniger denn je. Der Mensch braucht mehr Religion, nicht keine. Mehr Opium, Herr!

Aber ja, ändert die Welt, sie braucht es. Indessen gerät die Welt, die Änderung braucht und nicht kriegt – indessen gerät der Mensch, der die Welt ändern will oder leider schon gar nicht mehr will – in immer größere Schwierigkeiten als Gott seiner selbst. Der Menschengott ist ein blöder Gott; also kein Gott.

Marx hatte die bisherige Theologie auf den Kopf gestellt; das tat ihr, und tut ihr immer noch, not und gut. Es muß aber auch der Theologe Marx auf den Kopf gestellt werden. Welch welthistorischer Anblick, Marx und die Theologen beim gemeinsamen Kopfstand.

Nochmals der unüberbietbare Heine (1848, im bürgerlichen Revolutionsjahr, so früh spürte er die nutzlose Seite der Revolution):

»Es tat meinem Hochmut wohl, als ich von Hegel erfuhr, daß nicht wie meine Großmutter meinte, der liebe Gott im Himmel residiert, sondern ich selbst auf Erden der liebe Gott sei ... Aber die Repräsentationskosten eines Gottes, der sich nicht lumpen lassen will und weder Leib noch Börse schont, sind ungeheuer ... und meine Göttlichkeit geriet dadurch sehr ins Stocken.«

Er meint sich selber, die Revolution, den Atheismus – etwa in dieser Reihenfolge. Und der Teufel lacht:

»Es bedarf nur der Vernichtung der Gottesidee in der Menschheit. Damit hat man das Werk einfach zu beginnen ... Sobald sich die Menschheit Mann für Mann von Gott losgesagt hat – und ich glaube, daß eine solche Periode eintreten wird –, alsdann ... bricht das Neue an. Die Leute werden sich dazu vereinigen, aus dem Leben alles zu ziehen, was es nur zu bieten vermag, aber unbedingt nur zum Zwecke des Glücks und der Freuden in der diesseitigen Welt ... Der Mensch wird groß werden ... durch titanischen Stolz; der Gottmensch wird erscheinen.«

Dostojewskij; Die Brüder Karamasow, 1880. – Der Teufel kriegt immer recht, aber nie ganz; das ist seine Tragik. Der Gottmensch erschien – und geriet sogleich in große Schwierigkeiten.

Religion, was immer sie sonst Schöneres ist, ist eine Bremsung, eine Bindung, eine *Fessel,* nützlich und rettend für den lächerlich titanischen Stolz des Gottmenschen. Religion ist eine *Freiheit,* ein Respekt, der die nötige Veränderung der Welt kontrolliert und überherrscht; Bindung, allerletzte, durch welche unsere Freiheit, jede sonstige inklusive Revolution – überhaupt erst mit Anstand möglich wird.

Für *»religio«* gibt mein alter George (Lateinisch-Deutsches Wörterbuch, 1862): »rücksichtliche Beachtung ... gewissenhafte Berücksichtigung ... insbesondere die rücksichtliche Betrachtung des Heiligen, fromme Schau, Andacht ... im guten Sinne: Frömmigkeit, Religion ... im üblen Sinne: Aberglauben ...«

»Mit welcher Sorgfalt, mit welcher *Religion* folgten sie auf ihrer Bahn einer aufgeklärten Überzeugung«, lobt Goethe antike Autoren (zitiert im Grimmschen Wörterbuch sub Religion; Unterstreichung meine). Religion setzt er einfach mit Sorgfalt gleich, und gleich auch mit Aufklärung – Gegensätze haben Goethe nie gestört.

Schon der alte Cicero, ein eher liberaler Geist, leitete »religio« von einem Verbum *»religere«* ab, mit gleicher Bedeutung wie »diligere«, nämlich: Sorgfalt üben, Respekt zeigen, Liebe erweisen. Verräterischerweise setzte sich nicht diese schöne und richtige Etymologie durch – sie ist auch jene der modernen Sprachwissenschaft –, sondern eine dezidiert falsche, von frühen christlichen Theologen erfundene: »Religio« komme von *»religare«*: »anbinden, die Hände zurückbinden, mit Stricken oder Ketten fesseln« (Klotz, Handwörterbuch der lateinischen Sprache, 1879).

VINCULO PIETATIS OBSTRICTI DEO ET RELIGATI SUMUS UNDE RELIGIO NOMEN CEPIT.
»Durch die Kette der Frömmigkeit sind wir an Gott gefesselt und festgebunden, von daher hat die Religion ihren Namen.« So der spätantike Kirchenlehrer Lactantius (313 n. Chr.). Religion als *Kette* – aus christlicher Lehre selber kommt dieses ominöse Bild und nicht erst vom bösen Atheisten Marx.
An jener fatalen Stelle »Die Religion ... ist das Opium des Volkes« heißt es drei Sätze weiter: »Die Kritik hat die imaginären Blumen an der Kette zerpflückt, nicht damit der Mensch die phantasielose, trostlose Kette trage, sondern damit er die Kette abwerfe und die lebendige Blume breche.«
Marx ist damals (1844) 26 und schon barmherziger als der alte Laktanz. Bei diesem ist die Kette der Religion *(»vinculum pietatis«)* nackt, beim jungen Marx sind Blumen dran.
Das theologische Bild von der Religion als Kette ist zur Zeit, da Marx es aufgreift, bereits 1530 Jahre alt. Atheismus ist die Fortsetzung des Christentums mit anderen Mitteln, die die gleichen sind, nur christlicher.
Religion, nicht als freie Verehrung, Rücksicht, Liebe (»religio«, richtig von »religere«, »respektieren, lieben«) – sondern als Kette, an die wir festgebunden sind (»religio«, fälschlich von »religare«, »anbinden, anketten«): Das ist ein vorgefundenes Bild, das die Kirche, Lactantius folgend, sich selber machte, keine Denunziation, die die atheistische Kritik erst erfinden mußte. Ein gefundenes Fressen für Atheisten.
Ob dieses Bild von der Kette gänzlich falsch ist, ist eine andere Frage.
Mit den Blumen tut sich Jung-Marx schwer. An der Kette der Religion sind bei ihm zwar Blumen dran, aber *»imaginäre«*. Und nach Abwerfen der Kette gibt's dann zwar echte Blumen für die befreite Menschheit, aber *»die lebendige Blume«*, was

wird aus ihr? Man muß sie, das ist der nächste Punkt im Freiheitsprogramm, *»brechen«*. Na dann ist sie hin.
Marx ist ein sehr präziser Schreiber, ein Dichter fast (so sieht ihn jüngst der Wiener Philosoph Konrad Paul Liessmann, Karl Marx, Wien 1992). – *»Imaginäre Blumen«* sind Produkte der Imagination. Marx liefert keine falsche Beschreibung von Religion. Religion ist *Imagination,* sie ist jene Schatzkammer der tausend Bilder, tausend und einer Imago, deren der Mensch dringend bedarf.
Und die der ehrenwerte Humanismus mit viel Erfolg und fortdauernder Wut verfolgt – als »Mythos«, »Mystik«, »Irrationalismus«.
Der Humanist, was immer er sonst noch ist (nämlich was Positives) – der Humanist ist ein eifernder Gott. Humanist Marx, Frühgenie, schrieb in seiner Dissertation zur Erlangung des juristischen Doktorats, gleich einleitend (1841):
»Die Philosophie« – seine! der Humanismus – »verheimlicht es nicht. Das Bekenntnis des Prometheus: Die Götter hasse ich ...« – beim Humanisten Marx steht's auf griechisch – »ist ihr eigenes Bekenntnis, ihr eigener Spruch gegen alle himmlischen und irdischen Götter, die das menschliche Selbstbewußtsein nicht als oberste Gottheit anerkennen. Es soll keiner neben ihm sein.«
Herrlich stolz der 21jährige Dissertant! Kein Gott neben ihm. Die tolerante Religion des Humanismus toleriert keine Religion der Imagination, duldet nicht jene »imaginären Blumen«, jene abertausend Imagines: Bilder, Geschichten, Träume, Stoff, aus dem Religion ist.
Marx nennt die Kette der Religion eine »phantasielose, trostlose«. Aber die »imaginären Blumen«, die er an dieser Kette erblickt, sie *sind* doch wortwörtlich Imagination, Phantasie. Die phantasielose Kette schmücken die Blumen der Phantasie: Im wuchtigsten Satz des Atheismus, der je geschrieben

wurde, läuft innen drinnen eine Argumentation gegen sich selbst.

An *solcher* Kette sein, gefesselt von Gott, ist kein so ganz unwürdiges Bild, wie kritische Arroganz vermeint. Menschen in Ketten vor Menschen – ist gegen Menschenrechte. Menschen in Ketten vor Gott – ist was ganz anderes, ist die einzige Form von Fesselung, verträglich mit jeglicher sonstigen Form von Freiheit.

Als ich im Christentum noch nicht sehr firm war; bin ich's jetzt? – jedenfalls war ich weiland evangelisch, glaubte an Gott, aber eher uninteressiert – damals also, 1968, waren bei allen Aktionen, Demonstrationen, Diskussionen Gruppen junger Katholiken mit dabei. Sie waren die durstigsten nach Freiheit jeder Art, schrien am lautesten.

Kein Wunder. Dann aber in der Kirche, wohin sie nachher gingen, ich ging mit – da standen sie dann, während ältere, altmodische Mitgläubige knieten; sie *standen*, vor der Brust die Arme fest verschränkt.

»Was heißt das?« – fragte ich. – »Das heißt: vor Gott sind wir gefesselt.« – Das hat mich beeindruckt und dem Katholischen nähergebracht.

So ganz dumm war der alte Laktanz schon nicht. Religion ist *auch* das Gegenteil von Freiheit; sie ist *auch* Bindung, Kettung an ganz anderes, als wir Menschen sind. Religion ist Fesselung; Religion ist Freiheit.

Daß wir durch Bindung an Gott erst richtig frei werden von jeder sonstigen Kette – ist verdiente, nein, vielleicht eher unverdiente Belohnung.

Von welcher der Freiheits-Ideologe nichts weiß. »Wo immer das Wort ›Freiheit‹ auftaucht, wird es unklar« (Gottfried Benn).

Mit fest verschränkten Händen frei sein: Die Bindung an Gott ist die Voraussetzung von Freiheit. Dieser einzige Zwang, diese letzte Bindung befreit zur Freiheit von jedem sonstigen Zwang, jeder sonstigen gemußten Bindung – ist die gedrückte Stahlfeder für den Sprung aus dem Reich der Notwendigkeit ins Reich der Freiheit.

Im letzten ist der Mensch ein schamloser Masochist. Nicht nur ist er gefesselt durch Gott, er soll auch noch dessen sich nicht schämen. »Das Siegel der erreichten Freiheit: sich nicht mehr vor sich selber schämen«.

»Fröhliche Wissenschaft«, Nietzsche; ach, dieser seltsame, ungläubige Glaubensbote. Aus dem Gottesglauben wird auch erst was, wenn ein tüchtiger Atheist ihn in die Hand nimmt.

Bilder von Freiheit sind geeigneter zur Darstellung von Religion als das Bild von der Kette, wo man erst lang erklären muß, daß sie keine ist.

Aber die Bilder von Freiheit reichen nicht.

Oh Wollust der Widersprüche. Der Mensch als freier Kettenhund; Religion ist Freiheit an der Kette. Nicht Gott schließt dich an, das mußt du schon selber tun. Es ist ein lockendes Angebot. Und es ist gar nicht sicher, ob der liebe Gott böse wird, wenn du es zurückweist.

Religion ist ein guter Rat der Christen, eine dringliche Empfehlung – welcher Kirche immer. Und wenn Kirche in gutem Zustand ist, ist der Rat: Binde dich an den Gott der Freiheit – auch immer zurückweisbar, und die Kirche darf deshalb nicht böse sein.

Schon deshalb nicht, weil Atheisten so nützlich sind für den Glauben. Atheisten sind die nützlichen Idioten des Christentums. »Extra ecclesiam nulla salus« – »Außerhalb der Kirche kein Heil« – also gehören die Atheisten zur Kirche.

Daß die Atheisten dazu gehören zum Glauben, wissen die klügeren unter ihnen selber – und die sind oft klüger als Gläubige, daher ihre Nützlichkeit. »Ich bin Atheist, glaube weder an Gott noch bete ich, aber es gibt eine religiöse, undefinierbare Dimension in mir jenseits des Glaubens« – öffnet sich der alte kluge Atheist Emile Cioran, 84, zu Weihnacht 1994 in der »Frankfurter Rundschau«.

Was ist das für eine Dimension jenseits des Glaubens, religiös, aber undefinierbar? Man erblickt sie mittels der hohen Kunst des Schauens mit geschlossenen Augen, welche von altersher »Mystik« heißt (wörtlich so: zu griechisch MYO »schließen«).

»Je suis mystique et je ne crois à rien« – »Ich bin Mystiker und glaube an nichts« – zitiert der alte Benn barsch den barschen alten Flaubert (Benn, Essays und Reden, S. 578). Die alten Männer wollen gefälligst in Ruh' gelassen werden. Sie, die Schwachsichtigen (»blödsichtig« hieß das im älteren Deutsch) – sind angewiesen aufs Sehen ohne Augen.

Griechisch MYSTES, der in die Mysterien Eingeweihte – mußte bei seiner Einweihung die Augen schließen, um das Geheimnis besser zu sehen. Blind glaubt sich's am besten.

Gläubige und Atheisten denunzieren sich gemeinsam als »Mystiker« – welch Experiment! Thomas von Aquin, ein pedantischer, nüchterner Heiliger, akzeptiert Mystik als »cognitio Dei experimentalis« – »experimentelle Erkenntnis Gottes«.

Wir schließen die Augen, und sehen Geheimnisse. Wir binden die Hände, und sind geheimnisvoll frei. Gewisse Heiligtümer, freilich bei den heidnischen, aber sehr frommen Germanen – durften nur gefesselt betreten werden. Gefesselt sind auch die betenden Hände: gefaltet dargeboten zur Fesselung; verknotet in sich selber; gekreuzt wie in einer Zwangsjacke rundumgelegt um den Brustkorb.

Religion als Fessel, Religion als Kette – da hat Marx nichts Neues entdeckt, sondern Uraltes verdeckt.

Die atheistischen Mystiker, mystischen Atheisten nach Art

des Cioran, Benn, Flaubert – vollziehen eine Rückkehr. Sie machen sich frei von der Fessel namens Religion und tappen erneut in die Fessel-Falle. Wo's so ärgerlich unlogisch zugeht, kann Nietzsche nicht fehlen; an seine russische Freundin Lou von Salomé sendet er das Geständnis (1882):
»Erst hat man sich von seinen Ketten zu emanzipieren, und schließlich muß man sich noch von dieser Emanzipation emanzipieren! Es hat jeder von uns, wenn auch in sehr verschiedener Weise an der Ketten-Krankheit zu laborieren, auch nachdem er die Ketten zerbrochen hat.«
Freiheit! Fast jeder Mißbrauch von Freiheit ist besser als fast jede Beschränkung. Freiheit ist das Prinzip Gottes. Er *läßt* uns, statt daß er uns lenkt und führt und schützt. Die Kosten unserer freigelassenen Dummheit und Bösheit sind enorm. Gott muß ein Optimist sein.
Die Bindung an Gott besteht darin, daß er uns lange Leine läßt und dann, sobald es schief gegangen ist, zuschlägt. Wäre er nicht Gott, müßte man dies ein teuflisches System nennen.
Gläubige und Atheisten sind – wie auch in manch sonstigem – darin verwandt, daß sie mit der Freiheit ein großes Problem haben, unbestimmter Lösung.
»Wo immer das Wort ›Freiheit‹ auftaucht, wird es unklar ...« (Gottfried Benn, Altern als Problem für Künstler, 1957).
Die Atheisten befreiten sich von der Fessel der christlichen Religion; die Christen befreiten sich von der Fessel der alten jüdischen Gesetzesreligion – so, und frei geworden, wird ihnen die Freiheit zum gemeinsamen Fragezeichen.
Paulus schwärmte noch (Gal 3,23; Röm 7,6; Gal 4,26; Gal 5,13), und wie schön: »Ehe der Glaube kam, waren wir im Gefängnis des Gesetzes ... Jetzt aber sind wir frei geworden ... Das himmlische Jerusalem ist frei, und dieses Jerusalem ist unsere Mutter ... Ihr seid zur Freiheit berufen, Brüder ...« – Wer *unternimmt* sie, die Freiheit?

»Es rettet uns kein höh'res Wesen
Kein Gott, kein Kaiser noch Tribun,
Uns aus dem Elend zu erlösen,
Können wir nur selber tun.«

Die Internationale, 1871. Gesungen hat sie erstmals ein Christ und Ketzer, Pico della Mirandola, 1586: »Es steht dir frei, in die Unterwelt des Viehs zu entarten. Es steht dir ebenso frei, in die höhere Welt des Göttlichen dich zu erheben durch den Entschluß deines eigenen Geistes.«

Das ist eine von 900 Thesen, die Pico, kirchlich verdächtiger Renaissance-Philosoph, in alle Welt, die damalige, gebildete – verschickte mit der Aufforderung, darüber zu diskutieren.

Haben wir die Freiheit, zu verkommen, die Freiheit, uns zu erheben, oder brauchen oder können oder dürfen wir gar nicht selber uns befreien, das geht doch immer schief.

Zart geschnörkelt, lebensfreudig geschmückt ist die sorgsam restaurierte Decke des Refektoriums, wo die sieben Patres des Benediktiner-Superiorates Mariazell essen und trinken. Silvester 1994. Essen: Nudelsuppe, steirisches Wurzelfleisch, Apfelstrudel. Trinken: Wasser, Most, Rot- oder Weißwein. Pater Eduard bedient uns. Wollen Sie noch etwas Kren (Meerrettich) – ganz frisch gerissen!?

»Et libera nos a malo«, betet der Pater Superior. »Und *befreie* uns von dem Bösen.« – Das Vaterunser ist der Sprung über den Graben. – Die Bindung haben die Christen erfunden, die Freiheit die Atheisten. Lachen tät ich, wenn es umgekehrt wäre. Ich lache.

IV. ÄNDERT DIE WELT, SIE BRAUCHT ES. EIN RÜCKFALL

IV.1. Oh Genossin Utopie

Die Verfolgung der Raucher nimmt faschistische Züge an. Was würde Ernst Bloch dazu sagen, aus dessen Pfeife nicht Krebs dampfte, sondern Utopie stündlich, täglich, nächtlich, lebenslänglich? Ich bin kein Raucher, sagte Voltaire angeblich, aber ich würde dafür sterben, daß Sie rauchen dürfen.

Ernst Bloch, Thaumaturg der Utopie, kriegt jetzt einmal unrecht: *Derzeit* hat alle Utopie ausgepfiffen. Und dann wieder kriegt er hundertmal recht: *Demnächst* wölkt sie wieder. Ohne Utopie gibt's keinen modernen Menschen, das heißt keinen modernen Gott.

Derzeit geht's uns schlecht. Wir rutschen, wir trudeln. Es fehlt uns der feste Kein-Ort (U-topos), woran wir uns halten können. *Demnächst* geht's uns besser. Joachim Fest verkündete »Das Ende der Utopien« (1991): Wir würden künftig zu leben haben »ohne das große Tam-Tam der Utopien«. Nein, *so* schlecht wird's uns auf Dauer nicht gehen. Tam tam.

Bloch, je blinder er wurde, desto deutlicher sehend, taufte die Blindheit unserer Erwartungen und die korrespondierende Deutlichkeit unserer Sehnsüchte auf den schönen Namen *Desiderium*: Es sei das, was man sich herabwünscht von den Sternen *(de sideris).*

»Das Desiderium«, sagt mein Zettelkasten unter B wie Bloch, »ist das gewisseste Sein und die einzige ehrliche Eigenschaft von Menschen; das Desiderium nach Gestaltung dessen, was so deutlich vordämmert, was in den Objekten selber fragt.«

Es fragt. Es antwortet nicht. Es schreibt nicht vor. Daher waren die meisten bisherigen Utopisten gar keine. Sie fragten nicht, sie schrieben vor, und es ging schief. Die schlimmsten Utopisten sind die vor- und fortschreibenden *Pragmatiker,*

die meinen: Es kann alles bleiben, wie es ist, wenn es nur nochmehr so wird, wie es schon ist. *Das* ist die Utopie aller Utopien.
Stellst du den Pragmatiker von seinen Bleifüßen auf den Stecknadelkopf, kannst du mit ihm ein Fetzchen Wahrheit aufspießen: Utopie tut not. Not tut Utopie. Wechselseitige Notzüchtigung, lesbischer Sixty-Niner zwischen Genossin Utopie und Kameradin Not. So not tat Utopie noch nie wie in der jetzigen Not: materielle Not, Kriegsnot, Friedensnot, Seelennot ...

IV.2. Deutlich & dämmrig
Die Notwendigkeit der Utopie heute folgt aus der menschlichen Psyche im Zustand nach ihrer Verstörung durch Psychologie (Seelenkunde, der ihr Gegenstand: die Seele, abhanden kam). Seit Zertrümmerung der Psyche durch Psychologie besteht die postmoderne Rest-Seele hauptsächlich aus Rest-Sehnsucht, das heißt Sehnsucht nach Nicht-Psychologie, das heißt unerfüllte und unerfüllbare Sehnsucht, das heißt Utopie.
Wir entkommen der Utopie schon deshalb nicht: weil unsere Erkenntnis, zumal die wissenschaftliche, eine gar so dämmrige ist. »Alle Kreatur ist dunkel, verglichen mit dem Licht göttlichen Ranges, daher ist auch unsere Erkenntnis als abendliche Dämmerung zu bezeichnen« (Thomas von Aquin, Summa I,64, 1 ad 3).
Cognitio vespertina – ein heimeliger Ort, zumal, wenn es, wie uns Bloch indoktriniert, *»deutlich vordämmert«*.
Alle Erkenntnis mißrät *uns* zur Ideologie, alle Zukunft zur Utopie. Ideologiefrei, utopiefrei ist nur Gott. Welcher als Subjekt menschlich-dämmriger Erkenntnis keineswegs ideologiefrei, keineswegs utopiefrei ist.
Der Rest ist das Spiel, deine Ideologie ist eine, meine Ideolo-

gie ist keine. Du bist Utopist, ich bin kein Utopist. Ein fades Spiel.
Ich würde es vom Tisch legen und statt dessen dich drauf, oh Genossin Utopia. Ah.

IV.3. Der tolle Pragmatiker

Fröhliche Wissenschaft: Habt ihr nicht von jenem tollen Menschen gehört, der am hellen Vormittag eine Energiesparleuchte anzündete, auf den Supermarkt lief und unaufhörlich schrie: Ich suche Utopie! Ich suche Utopie! – Da dort gerade viele von denen zusammenstanden, welche nicht an Utopie glaubten, so erregte er ein großes Gelächter.
Aber er hat doch recht, der tolle Mensch, dessen Utopie der Pragmatismus ist! Während die großen Entwürfe alle längst und neulich gerade wieder gescheitert sind, gelingen einer nüchternen, sachlichen Politik immer wieder Lösungen: die Wirtschafts- und Währungsunion; die Demokratisierung und Kapitalisierung Rußlands; die Neue-Welt-Ordnung in Bosnien und den 30 Somalias.
Fröhliche Wissenschaft: Habt ihr nicht von jenem tollen Menschen gehört, der am hellen Vormittage eine Energiesparleuchte anzündete und unaufhörlich schrie: Ich suche Pragmatismus! Ich suche Pragmatismus! – Da dort gerade einige von den wenigen zusammenstanden, welche nicht an Pragmatismus glaubten, so erregte er ein kleines Gelächter.
Aber er hat doch recht, der tolle Mensch, der die Pragmatiker als Utopisten verspottet! Während die großen Utopien alle längst und neulich gerade wieder gescheitert sind, scheitert der Pragmatismus noch viel kläglicher – und das will was heißen, bei soviel kläglichem Scheitern von Utopie.
In Wahrheit sind alle Wege verschlossen, außer der Rückweg ins Land Utopia. Wenn etwas verläßlich tot ist, so der Pragmatismus als vernünftige Alternative zur unvernünftigen

Utopie. Wenn etwas unvernünftig ist, so der Pragmatismus. Pragmatische Politik antwortet auf die Frage: Wie lösen wir große Probleme am besten nicht? – Pragmatismus hält *große* Probleme prinzipiell nicht für lösbar, und folglich die erfolgreiche Nichtlösung der großen Probleme für das Wesen jeder erfolgreichen politischen Lösung. Pragmatismus ist die große Baggerschaufel, die mit äußerster Kraft voraus die Probleme vor sich herschiebt zum nahen St. Nimmerleinstag.

Pragmatismus bewegt sich strikt auf dem Boden der Wirklichkeit und ist auch noch stolz darauf wie der Hahn auf dem Mist. Pragmatismus kann die großen Weltprobleme, schwanger mit großem Untergang, gar nicht sehen, denn in *seiner* Welt existieren sie nicht und existiert daher der Untergang nicht. Der allzunahe Untergang ist für Pragmatiker allzu fern. Zum Sehen und Lösen von Problemen bedarf es genau jener *»Faktoren, die dieses Sein als verwirklicht nicht enthält«*: so Karl Mannheims Definition von Utopie (1929).

Vernunft, helle, aufgeklärte, volle, reiche – außer unserem armen Hirn auch Herz, Bauch und noch tiefergelegene Körperteile einschließend – schreit nach dem ganz Neuen und ganz Anderen.

Schreit sie nicht links, schreit sie rechts. Höret, Linke, ihr Utopisten im Ruhestand.

IV.4. Traum von einer Sache

Utopie nannte der junge Marx, ein Gegner des erwachsenen anti-utopischen Marx: »Es wird sich dann zeigen, daß die Welt längst den Traum von einer Sache besitzt, von der sie nur das Bewußtsein besitzen muß, um sie wirklich zu besitzen.« – Blochs liebstes Marx-Zitat (aus den »Deutsch-französischen Jahrbüchern«, 1843; da war Marx 25).

Neue Utopie ist alter Traum. Die Menschheit träumt immer dasselbe. Neue Utopie ist, was Jungrevolutionär Marx nannte als Ziel aller Revolution: »*Vollendung der Vergangenheit.*« Es hat also die Utopie längst schon eine Zeit (die Zukunft als vollendete Vergangenheit), nur noch keinen Ort (U-topos). Daß dieser Kein-Ort soviel Kraft entfaltet! Oh Gott, soviel Blut kostet! Sobald er entschwebt, sobald wieder nach Herabkunft schreit! Daß Geist, ein Luftwesen, ein Gespenst – soviel kann!

Das ist erfreulich und bedenklich. Das Erfreuliche und Bedenkliche sind erfreulich und bedenklich *bluts*verwandt.

IV.5. Kreuzfahrt ins heilige Land

Prospekt für die Kreuzfahrt ins heilige Land Utopia: Erlebnisurlaub. Abenteuerurlaub. Genug des Wehklagens vom Tod der schönen Utopie und vom Überleben der Häßlichen: des pragmatischen Untergangs. Genug sogar der so nötigen, supremen Utopie vom Leben nach dem Tode. Schon übermorgen setzen wir die dann wieder modernsten Segel der Sehnsucht: Die neue Romantik ist der neue Sozialismus.

So hat's Reaktionär Doderer nicht gemeint, aber gut getroffen:

»Es gibt Träume, die sozusagen auch im Leben gelten, also eigentlich keine Träume mehr sind, sondern eher schon Kenntnisse; Kenntnisse, die ganz schüchtern und doch seltsam durchdringend mit ihrer blassen und gleichwohl starken Anwesenheit hinter die geordneten und mit dem Lichte der Gewißheit ausstaffierten sogenannten Tatsachen treten; steigend und sinkend wie der farbige Fleck im Innern des geschlossenen Augenlids; ein unordentliches Gewirr – aber wir begreifen immer, was gemeint ist, selbst wenn wir's nicht wollen.

Wenn wir in einem hübschen Laden für süße Sachen stehen und wir sehen plötzlich ein Kindergesicht, das draußen an der Scheibe sich ein wenig das Näschen platt drückt: nicht nähertretend und nicht deutlicher ist der Anruf unseres geheimsten Wissens, von dem und von jenem.«

Für gnadenlose Linksdummis ist Doderer bekanntlich reaktionär. Hier aber, GenossInnen, stimmt Doderer aufs verbotenste mit Marx zusammen. Seine »Träume, die sozusagen auch im Leben gelten, also eigentlich keine Träume mehr sind, sondern eher schon Kenntnisse« – gleichen überzeugend dem Marx'schen Diktum, »daß die Welt längst den Traum von einer Sache besitzt, von der sie nur das Bewußtsein besitzen muß, um sie wirklich zu besitzen«.

Die Menschheit, ein Kindergesicht draußen vor dem hübschen Laden für süße Sachen, an der Scheibe sich ein wenig das Näschen platt drückend: Utopie ist immer auch Kitsch, der Dichter immer auch Kitschist. Wem das mit dem Näschen nicht deutlich genug ist, dem sei's eben dämmrig. Um Details geht's jetzt nicht, sondern ums Ganze.

Anders gesagt: Ohne Utopie ist praktische, das heißt problemlösende Politik nicht möglich.

IV.6. Utopisten denunzieren Utopisten

Beliebt bleibt bis auf weiteres die Denunzierung der Utopie als vorbei und gescheitert, tot zugleich mit dem Tod des Kommunismus, Sozialismus, sogar der Sozialdemokratie, deren Utopie doch ohnehin so homöopathisch dosiert war.

Für den Freund der Ideologiekritik, von Marx über Mannheim bis Horkheimer/Adorno, ja von mir aus auch Habermas, so langweilig er geworden ist – handelt es sich um ein durchsichtiges Manöver des Zeitgeistes:

Verkündet wird ja in Wahrheit nicht der Tod *jeder* Utopie; ohne Utopie keine moderne Gesellschaft. Verkündet wird der Tod der *unpassenden* Utopie. Das ganze Gelaber vom Tod der Utopie heißt: Gib deine subversive Utopie auf von einer besseren Gesellschaft, und begnüge dich mit der offiziellen, der

kapitalistischen Utopie, die da verheißt den Alptraum vom Glück durch Wissenschaft, Wachstum, Wohlstand – oh heilige Dreifaltigkeit des großen Wehs.
Je deutlicher die Utopie der drei W scheitert, desto wütender die Denunziation roter, grüner, idealliberaler Gegenutopie. Denn sie bringt angeblich nicht Heil, sondern Unheil. Vielleicht heilt sie wirklich nicht; die Weltgeschichte enthält reichlich Hinweise, daß Utopie scheitert. Aber das ändert nichts an der Notwendigkeit von Utopie für die notleidende Menschenseele.
In der Gegenwart der scheiternden Utopie des Kapitalismus ist ohne den Gegenwert der Utopie vom Sozialismus nicht auszukommen. Wäre auch schade. Ihr werdet schon sehen!
Utopie ist: daß die Utopie des Westens vom postindustriellen Glück ausreicht für Glück; daß sie beliebig wiederbelebbar ist; daß ihre Schwächeanfälle schon vorübergehen werden, wie bisher immer noch; daß diese unglaubliche, von den Sozialisten stets unterschätzte Lebenszähigkeit des Kapitals gleichzusetzen ist mit dessen ewigem Leben.
Utopie ist: Wir brauchen die Utopie einer besseren Gesellschaft dringender denn je, die Utopie einer menschlichen Gesellschaft im Einklang mit Natur-, Menschen- und Bürgerrechten, kurz: mit allem, was gut und teuer ist.
Utopie ist der Vorteil des Nachteils, daß der Mensch Geist hat, der ihn über die Natur hinauskatapultiert. Utopie ist Geist, der vergeblich zurück will zur Natur. Alle Utopie ist grüne Utopie.
Grüne Utopie hat Friedrich Schorlemmer definiert als »Widerstand, damit das Leben keine Utopie wird«.
Wir müssen uns getrauen, liebevoll, und wenn das nicht reicht, bösartig, darauf zu bestehen:
Gesellschaft ist nicht Zertrümmerung von Gemeinschaft durch postindustriell hergestelltes Glück. Gesellschaft ist Ge-

meinschaft. Ist das Utopie, desto schlimmer für die Wirklichkeit.

Natur ist nicht, was vielleicht übrigbleibt nach Vollzug des Vorrangs für deren industrielle Nutzung; Natur ist, schlicht übersetzt, Schöpfung Gottes. Diese hat Vorrang, nicht der Mensch für sich allein, schon gar nicht der Mensch als postindustrieller Idiot. Ist das Utopie, desto schlimmer für die Wirklichkeit.

Derzeit übt sich die Weltgeschichte in schwarzem Humor. Die Utopie einer besseren Gesellschaft wird heruntergemacht von Utopisten, die meinen, die Wirklichkeit könne so bleiben, wie sie ist.

Utopisten denunzieren Utopisten.

IV.7. Keine Utopie stirbt allein

Auffällig der ironische Zusammenklang, in welchem entgegengesetzte Ideologien zur gleichen Zeit gemeinsam blühen und dann zur gleichen Zeit gemeinsam absterben. Kaum ist die Utopie tot, daß Sozialismus der Menschheit Glück sei, kränkelt auch schon die Utopie, daß Kapitalismus der Menschheit Glück sei. Der Jubel über den kommenden Tod des Kapitalismus ist freilich dünn, beschränkt sich auf den kleinen Chor der Weitblickenden. Ich jubele.

Entgegengesetzte Utopien halten sich wechselseitig am Leben: »Sozialismus«, definierte nüchtern Friedrich Engels, »ist nichts als der Reflex des Kapitalismus«. Ohne Kapitalismus kein Sozialismus – welch einsichtiges Stück Weltgeschichte.

Lieblich klingt mir die Logik, die daraus folgt: Solange es Kapitalismus gibt, erzeugt dieser immer wieder seinen Reflex, den Sozialismus. Bei soviel schwarzem und immer schwärzerem Kapitalismus, wie wir ihn jetzt kriegen, werden wir reflexhaft auch wiederum roten und immer röteren Sozialismus kriegen.

Wo ist er derzeit? Welch blöde Frage. Die längste Zeit ihres Lebens ist Utopie ein Veilchen, das im Verborgenen blüht, unblickbar für Spott und Verfolgung. Utopie ist das ungeborene Leben im Leib der Weltgeschichte. Das ist jenes embryonische Lebensalter der Utopie, in welchem das Kind die meiste Freude macht. Ausgewachsene Utopie, von Utopisten zur Verwirklichung gebracht, schlägt zur Strafe um in ihr Gegenteil.

Die historische Reihenfolge ist (Jahreszahlen bitte selber einsetzen): Kapitalismus erzeugt Sozialismus. Sozialismus enttäuscht. Auf Enttäuschung über Sozialismus folgt Enttäuschung über Kapitalismus (da sind wir jetzt) folgt neuer Sozialismus (dahin kommen wir bald) folgt neue Enttäuschung über neuen Sozialismus (dort sind wir lang noch nicht).

Ist dies nichts als das Rad der Wiederkehr, abendländischer Buddhismus? Vielleicht bleiben aus den zurückgelegten Umläufen des Rades homöopathische Residuen: aus dem Kapitalismus Maßstäbe von Freiheit; aus dem Sozialismus Maßstäbe vom Sozialstaat. Aber ist das alles? Mir reicht's nicht. Auf zu neuer alter Utopie!

In der historischen Gemeinsamkeit entgegengesetzter Utopien und Realitäten sind deren gemeinsame Tode enthalten. Es gibt Zeitstrecken, da sind die gegnerischen Utopien, nachdem sie gemeinsam am Leben waren, konfligierten, koexistierten, nun gemeinsam kaputt.

Niemand glaubt mehr an den Realsozialismus, und nur wenige an die darin enthalten gewesene Utopie. Allmählich oder sogar rasch wird auch niemand mehr an den Realkapitalismus glauben, und schon glauben immer weniger an seine Utopie vom Konsum- und Freizeitglück.

Keine Utopie stirbt allein. Sie zieht ihre Gegenutopie mit in den Abgrund, sie sterben gemeinsam, als wäre es ein Liebestod. Sozialismus und Kapitalismus sind Tristan und Isolde. Wer aber glaubt, daß aus dem empirischen *Scheitern* von Utopie die *Entbehrlichkeit* von Utopie folgt, ist selber schuld. Er bringt sich um das Glück des Utopisten; das ist viel Glück, kann ich versichern.

Die *Verwirklichung* von Utopie ist regelhaft inhuman. Inhumaner ist nur noch eine Menschheit ohne Utopie. Eine Menschheit aus Zynikern ist unappetitlicher als schon die gegenwärtige.

Es gibt eine – offene oder heimliche – Permanenz, wo nicht von Utopie, so von Utopie von Sehnsucht nach ihr. Utopie ist eine Art Minnesang. Wie klimperte Wolfram von Eschenbach: »Du nahst als Gottgesandte, ich folg aus holder Fern, so führst du in die Lande, wo ewig strahlt dein Stern.«

Strahle, Abendstern!

IV.8. Nichts konkreter als der Untergang

Der erwachsene Marx hielt Utopie für *»private Hirntätigkeit«* (1850); der junge Marxianer Ernst Bloch verhieß *»konkrete Utopie«*, ein öffentlich »deutlich Vordämmerndes«, nämlich Sozialismus. Vom Blochschen Zauberwerk »Das Prinzip Hoffnung« (geschrieben 1938 bis 1947, publiziert 1954 bis 1959) blieb der vordämmernde Zauber, nicht die konkrete Utopie.

Nichts nebelhafter heute als Sozialismus. Die einzige Utopie, die *deutlich* vordämmert, immer detailreicher: Untergang der (Nord-)Menschheit unter Mitnahme des (ganzen) Globus.

Nichts konkreter als der Untergang.

Homo idioticus läßt grüßen. Respektvoll grüßen wir zurück, wir, die letzten Nicht-Idioten. Ich, der letzte Homo sapiens. Unser Respekt vor der Destruktionseffizienz des Menschen ist verklemmte Satire; Satire ist Aufschrei des gequälten Herzens (Mechthilde Lichnowsky).

Aber es muß doch, außer geklagt, auch gehandelt werden, wie heißt das zugehörige linke Adverb? *Entschieden* muß gehandelt werden.
Wenn Handeln unmöglich ist, ist Denken schon Handeln. (Trost gibt's immer.) Die Handelnden, Handeln-Sollenden, Handeln-Nichtkönnenden, die Denken-Nichtkönnenden: die Pragmatiker, *die* haben es schwer. Die schrei(b)ende Zunft hat es leicht.
Man muß Ernst Bloch vom Kopf auf die Füße stellen, um einen neuen Begriff von Utopie zu gewinnen. Nicht was »deutlich vordämmert« ist wahre Utopie, sondern Utopie ist heute, was nur noch undeutlich, nur noch dämmrig, aber desto unentbehrlicher vordämmert.
Utopie gewinnen wir erst wieder, wenn wir uns tapfer einlassen auf Undeutlichkeit, Dämmrigkeit, Unkonkretheit. Heute ist deutlicher denn je: Utopie hat den Nachteil, daß sie utopisch ist.
Blochs Überheblichkeit lag nicht darin, daß er uns Utopie lehrte, sondern in der gottlosen Zuversicht, daß Utopie konkret sein könne und müsse, ein schon in Ankunft begriffener Sozialismus auf Erden.
Hochmut kommt vor dem Fall. Der Fall war tief. Wenn das einzig deutlich Vordämmernde der Menschen- und Erduntergang ist, bleibt als undeutliches Gegenbild nur die Hoffnung wider alle Hoffnung.
Warum er uns das antut, wird Gott schon wissen. Wir wissen es eigentlich auch: Es ist verdient.
Utopien sind Sterne, danach zu steuern, zu scheitern, zu steuern usw.
Die Vaterunser-Utopie »*Dein* Reich komme« ist ein präziser Hinweis, daß für die Veränderung der Welt, die sie braucht, der Mensch eine notwendige, aber keine hinreichende Bedingung ist.

Die Lebensweisheit »Wenn Gott will, schießt ein Besenstil« enthält außer der menschlichen Gerätschaft eben auch noch sonstwen. Da kriegt man Mut zur Utopie, Mut zum Scheitern. Man muß es nicht allein machen, wenn man es macht, und man ist nicht allein, wenn man scheitert. Das ist die erhältliche Aufmunterung zur Utopie.
Keine gar so große Aufmunterung, aber eine gewisse.
»*Dein* Reich komme« ist genau *nicht:* »Wir machen uns unser Reich ganz allein«, und so schaut es dann auch aus. Die Faust'sche Utopie von der Sümpfe trockenlegenden, daher gerechten, am Glück arbeitenden Menschheit: Faust sieht sie als Sterbender, getäuscht vom Teufel.
Tod ist die Voraussetzung der Auferstehung. Der Tod der Utopie als Ersatzreligion ist die Voraussetzung für die Auferstehung neuer Utopie. »Soziale Revolution«, verkündet Jürgen Moltmann in seiner »Theologie der Hoffnung«, sei von der transzendenten Erlösung die »immanente Kehrseite«. Das ist nicht nur ein Lob der Utopie. Die »Kehrseite« ist ja ein mindergeschätzter Körperteil.
Ernst Bloch, der Atheist, war ein abgefeimter Kenner von allerlei Theologie. Seine Definition von Utopie: sie sei ein »deutlich Vordämmerndes« – ist sowohl Begrüßung wie Denunziation des Thomas von Aquin: menschliche Erkenntnis sei »cognitio vespertina«, »dämmrige Erkenntnis«.
Bloch schließt einen dialektischen Kompromiß. *Nein,* nicht dämmrig sei Utopie, sondern deutlich: *Ja,* nicht deutlich sei Utopie, sondern dämmrig – eben »deutlich vordämmernd«. Von solcher Bloch'schen, marxistischen Kompromißlerei muß man vorwärts zurück zur theologischen Radikalität des heiligen Thomas:
Wir wollen Utopie, wir brauchen Utopie, und wir kriegen keine andere als *undeutlich* dämmrige. Der Deutlichkeit unseres Untergangs läßt sich nur entgegensetzen die Undeut-

lichkeit der Rettung, das Gotteswunder: Wenn wir Widerstand leisten, findet der Untergang dann doch nicht statt. Eine ganz schön dämmrige Hoffnung.

IV.9. Utopie mit Trauerflor

Unter den Strategien der Flucht vor der konkreten Utopie des Erduntergangs ist die erfolgreichste das Weiterleben. In der Tat leben wir ja schon in der Zeit *nach* dem Untergang. Schopenhauer meinte, nach dem Weltuntergang bleibe die Musik. Horch, sie tönt schon!

Fortschrittliche Geister flüchten raffinierter. Reden wir nicht vom Untergang, reden wir davon, daß, wer ihn prognostiziert, ein Reaktionär ist, ein Defätist, ein Politikverdrossener und Kulturpessimist.

Mit jeder dieser Verbalinjurien entweicht die Perspektive des Untergangs und entwaffnet sich der Widerstand gegen ihn.

Was soll man in der Tat sagen zum folgenden Zitat aus dem »Spiegel-Spezial«, Juli 93, betreffend Einwanderer: »Die werden uns ... in den nächsten 10 bis 15 Jahren zu den Schornsteinen, Dachluken und Kellergeschossen hereinsteigen ... Der tägliche Abwurf einer Atombombe des Typs ... Hiroshima ... würde (sich) mit jeweils 90000 Toten ... rechnen, aber am gleichen Tag gäbe es schon wieder 250000 Neugeborene.«

Sieht man nicht das lüsterne Feixen des Untergangspropheten? Daß er außerdem die Wahrheit prophezeien könnte, kommt nicht in Betracht. Ein Reaktionär *kann* gar nicht im Besitz der Wahrheit sei.

In der Welt- und Geistesgeschichte ist es gerne umgekehrt. Reaktionäre kriegen oft recht, Fortschrittler selten.

Weltuntergang ist reaktionär, also findet er nicht statt.

Wir sind ein Don Quijote, der die Riesen für Windmühlen hält. Jene realen Riesenkräfte, die der Mensch in Gang gesetzt hat zu seiner eigenen Vernichtung, verwechseln wir mit dem

Geklapper der Mühlen, an denen vergeblich die Warner drehen.
»Ein globaler Ausweg aus dieser Spirale von Armut, wirtschaftlicher Unterentwicklung und raschem Bevölkerungswachstum« – befindet »Spiegel«-Experte Rainer Münz – »ist nicht in Sicht.«
Sein Kollege Herwig Birg »erlebt an jedem Semesterende deprimierende Debatten mit seinen Studenten. Befragt nach globalen oder doch regionalen Lösungen für das Fortpflanzungsdrama fallen ihm hoffnungsvolle Antworten einfach nicht ein, und seine Zuhörer, sagt er, sind dann immer ganz traurig.«
Die konkrete Utopie des Weltuntergangs macht ihre Konkretheit dadurch wett, daß sich niemand drum schert, aber jeder ist ganz traurig.

IV.10. Unsere Utopie gib uns heute

Utopie ist uns nötig. Wem? Immer? Brauchten die Bauern Utopie in den zehntausend Jahren der Vorherrschaft ihrer Lebensform? Agrikultur ist nicht die Aufeinanderfolge von *Vergangenheit, Gegenwart, Zukunft* – eine Aufeinanderfolge, die, wenn und weil sie mißrät, Utopie braucht zwecks Hoffnung. Agrikultur ist die Aufeinanderfolge von *Jahreszeiten;* mißrät die Ernte, gerät eine nächste. Utopie als ein Ganz-Anders, Viel-Besseres muß dem Bauern lächerlich vorkommen. Dem Bauern folgt auf das Leben, wie es immer war, ist, sein wird, der Tod, wie er immer war, ist, sein wird, und auf den Tod folgt das Leben nach dem Tod, welches immer war, ist, sein wird. Das ist die einzige Utopie, die der Bauer hat und braucht, nämlich keine. Der Rest ist städtischer Unsinn.
Statt Agrikultur haben wir Kultur. Kultur ist städtisch. Kultur braucht Utopie. Das Verlassen des bäuerlichen Naturkreislaufs ist die Geburtsstunde der Utopie.

Geburtsort von Utopie ist die Bibel. Alle bäuerlichen Kreislauffeste sind dort umfunktioniert auf Geistes- und Gottesdienst: auf die immer scheiternde, immer erneute Utopie vom bösen lieben Gott.

Utopie in unserem gottlosen, innerweltlichen Sinn hatten auch die Alten, im Verstande der klassischen Philologie, noch nicht. Entgegen dem Anschein ist »Utopie« kein altgriechisches Wort, sondern ein Kunstwort der beginnenden Neuzeit. Thomas Morus erfand es für Titel und Inhalt seiner politischen Science-Fiction (1516).

Utopie, als Verweis auf eine bessere, interessantere, abenteuerlichere Zukunft, signalisiert einen Mangel an guter, interessanter, abenteuerlicher Gegenwart. Ist Gegenwart zufriedenstellend, erübrigt sich Utopie.

Gute Gegenwart bedarf gar keiner Zukunft, die anders und besser sein soll. Drum ist Zukunftsforschung eine der jüngsten, künstlichsten, irrtumsträchtigsten Wissenschaften. Hätten wir gute Gegenwart, könnten alle Zukunftsforscher einpacken. Sie tun es soeben, wegen allzu schlechter Zukunftsaussicht.

Schon der Begriff einer *guten* Gegenwart ist angekränkelt von der Arroganz, mit der die Utopie Maßstäbe aufdrängt von gutem oder schlechtem Leben, richtiger oder falscher Gesellschaftsordnung.

Gegenwart als Inbegriff des Lebens enthält gar nicht die Scheidung von Gut oder Böse. Bei Franz Grillparzer, als altösterreichischer Griesgram mißverstanden, steht der moderne Satz: »Denn Leben ist ja doch des Lebens höchstes Ziel.« Ironischerweise ist auch diese tiefe Platitüde bereits Utopie. Schon Freud merkte, daß der Todestrieb der Moderne stärker ist als der Lebenstrieb. Freud bestätigend, ist unsere alles raubende, alles mordende, alles nützende Mega-Ökonomie durchaus nekrophil. Bio- hat für sie nur Wert als modische

Vorsilbe für angeblich gesunde Industrieprodukte. Leben als höchste Instanz hat nichts im Sinn mit Utopie, die eine superschlaue Entscheidung trifft zwischen dem, was sein soll, und dem, was nicht sein soll, aber derzeit noch ist.

Wenn Aufklärung heißt: der Verfinsterung derzeitigen Lebens künftige Lichter aufstecken – so ist Utopie immer auch ein Produkt von Aufklärern, kritischen Geistern, Besserwissern, vom konservativen Raunzer Plato bis zum progressiven Raunzer Marx.

Utopie enthält immer auch die Hybris: Wir Menschen können uns die Zukunft selber machen, und zwar besser, als die Gegenwart ist. Weil die schlechte Gegenwart menschengemacht ist, kann und muß auch die Zukunft menschengemacht sein.

Das Brechtische »Ändert die Welt, sie braucht es« ist der endlose Singsang von bisherigem Scheitern und neuer Notwendigkeit. »Wenn wir also geschlagen sind«, konstatierte Marx nach Scheitern der Revolutionen 1848 und 1871, »haben wir nichts weiter zu tun, als neu zu beginnen.«

Hübscher sagte es Victor Adler, Gründer der österreichischen Sozialdemokratie: »20mal die Mauer hinaufklettern und hinunterfallen. Das 21. Mal hinaufklettern und oben bleiben.«

Fest steht für den geübten Utopisten: 21 Mal genügen nicht.

Nach dem Ersten Weltkrieg, als die Frage »Wohin?« mit moderner Feuerschrift auf der Wand der Zukunft stand, schrieb der junge katholische Philosoph Alois Dempf, 28jährig, noch ganz unbekannt, in der Zeitschrift »Hochland« einen offenen Brief an den schon berühmten Großschriftsteller Thomas Mann:

An dessen Vorliebe für geheimnisvolle, geistreich formulierte Lebensphilosophie bei Nietzsche, Wagner, Schopenhauer knüpfte der junge Christ die Frage, ob derlei denn ausreiche für eine »gute deutsche Zukunft«. Eben erst (1918) hatte

Mann seine »Betrachtungen eines Unpolitischen« veröffentlicht und war darin von links, oder doch liberal, nach rechts, oder doch konservativ, abgerutscht.
Alois Dempf, zeitlebens unverdächtig des Linksliberalismus, mischt eine Gegenrezeptur zur Mannschen Rechtsabweichung, eine Liste von nützlichen Autoren, die er »Vernunftphilosophen« nennt. Sie reicht »von Platos Staat und der Politik des Aristoteles über Augustinus ›Civitas Dei‹ und die mittelalterliche Philosophie, über Grotius und Montesquieu ... zu Hegels Staatsapotheose ... zu Fichtes geschlossenem Handelsstaat ... bis zu Marx als deutschem Philosophen«.
Eine bunte Liste für einen Katholiken des Jahres 1919. Es sind lauter Utopisten im weitesten Sinn; sie begnügen sich nicht mit dem Ist-Zustand von Leben und Gesellschaft; sie entwerfen Zukünfte. Wir sind heute, nach Faschismus, nochmaligem Weltkrieg, deutscher Wiedervereinigung, aufziehendem nochmaligen russischen Bürgerkrieg, in einem Jahr 1919.
Oh Gott, zwischen deiner Utopie vom ewigen Leben, ohne Hektik der Ankunft, und der hektisch nahen Utopie vom Erduntergang – dazwischen sollte es noch allerhand schön und nützlich Utopisches geben, etwa anhand der Dempfschen Liste, mit geeigneten Erweiterungen.
Unser tägliches Brot gib uns heute, und drauf das Salz der Utopie.

IV.11. Utopien sind verwirklichbar

Zwischen uns und dem Land Utopia liegt ein steinernes Meer von Verhältnissen. Die müssen wir erst verflüssigen – so übersetzte Friedrich Heer *liquidieren.* Dann erst wird das Meer schiffbar, das Land sichtbar. Das Hereinbrechen des Chaos, das draußen schon braust, in unsere eignen, pragmatisch ruhiggestellten Zustände, ist eine Voraussetzung von Utopie. Erst im Urmeer des Chaos ist Schöpfung wieder möglich und

nötig. »Wer Visionen hat, braucht einen Arzt«, sagte der österreichische Bundeskanzler Franz Vranitzky. Wahrscheinlich ist dieser Satz das einzige, was von ihm bleiben wird. So treffend falsch sind Politikerworte selten.
Wer *keine* Visionen hat, braucht einen Arzt. Die Linken brauchen einen Arzt.
Wer keine Utopie hat, kann nicht einmal mehr scheitern, geschweige denn sich verwirklichen, mangels Ziel.
Im übrigen scheitern keineswegs *alle* Utopien. Wir haben uns nur angewöhnt – uns wurde nur angewöhnt –, als Utopie bloß zu bezeichnen, was *nicht* verwirklichbar ist. In Wahrheit scheitern jene Utopien, die im Luftreich der Ideologien verschweben, nicht aber jene, die in der realen Geschichte sich herausarbeiten. Daß wir *verwirklichbare* Utopie gar nicht Utopie nennen, ist unsere Schuld.
Alles *Neue* in der Geschichte besteht aus verwirklichten Utopien. Was noch keinen Ort hat (U-topos), kriegt ihn. Geschichte ist die Luft, in der die Utopien liegen. Geschichte ist der feste Boden, auf dem sie landen.
»Die Arbeiterklasse« – dekretiert Marx (1871) – »hat keine fix und fertigen Utopien durch Volksbeschluß einzuführen.« – Aber er kennt Utopie als »jene höhere Lebensform, der die gegenwärtige Gesellschaft durch ihre eigne ökonomische Entwicklung unwiderstehlich entgegenstrebt«.
Anders gesagt: Der Marxismus als Ideologie scheiterte schmählich, des Meisters eigne Utopie als reale Fortsetzungsbewegung der Geschichte kriegt ab und zu recht.
Bündiger der russische Religionsphilosoph Nikolaj Berdjajew (1924): »Utopien sind verwirklichbar, das Leben arbeitet auf sie zu.«
Das gilt übrigens auch vom *eigenen* Leben. Die großen Privatutopien sind Liebe und Tod; eine davon verwirklicht sich stets. Eigentümlich der Einklang des vernünftigen West-

kommunisten Marx und des mystischen Ostchristen Berdjajew, welcher 1922 von Lenin ausgewiesen wurde, als er sich vom Kommunisten zum Christen mauserte.
Aber unsere neue Utopie, liebste Mitlinke, bedarf des weiten, des weitesten Herzens, des schlampigen Faltenwurfs der Göttlichkeit! Wünscht euch doch endlich wieder was!
Thomas Morus beendet seine »Utopia« mit dem Geständnis, es seien darin »many things that I wish rather than expect«, »viele Dinge, die ich eher wünsche als erwarte«. Die Wünsche sind bestimmt, die Erwartungen unbestimmt. Konkreteres als unsere Wünsche enthält die Utopie nicht.
Im vergangenen Biedermeier, als Realsozialismus und Realkapitalismus einander im Gleichgewicht des Schreckens umarmten – war kein Raum für Utopie. Jetzt ist er da. Der allein übriggebliebene, demgemäß übermütige, demgemäß schon in Generalkrise schlitternde Realkapitalismus ist reichlich grausig genug, um neue Sozialutopie zu produzieren.
Wer's nicht glaubt, braucht nichts als ein bißchen Geduld, dann wird er's schon merken.
Um die Utopiefeindlichkeit des Karl Marx hat sich die Linke in ihren besten Zeiten – zuletzt im Jahre 68, lang ist's her – überhaupt nicht geschert. Jetzt ist sie dezimiert und demoralisiert durch die Siegesserie des Kapitalismus. Dessen schon im Gang befindliche Großkrise nimmt sie kaum wahr. Zu neuer Utopie reicht's hinten und vorne nicht.
Es reicht nur noch zum linken McCarthyismus: wer alles ein alter Nazi war, ein neuer Nazi ist, oder sagt, was die Nazis auch gesagt haben, oder schreibt, wo man nicht darf, oder redet, mit wem man nicht darf. Anathema sit. Die illiberalen Liberalen sind die Aufhebung ihrer selbst.

IV.12. Utopie aus Demut

Gib uns Angst. Wir brauchen sie, lehrte uns Kierkegaard, als

zitternde Ahnung, daß wir frei sind. Es hängt kein vorbestimmtes Schicksal über uns, wir sind angstvoll frei, so zu handeln oder anders oder gar nicht.
Gib uns Ratlosigkeit. Wir brauchen, lehrte uns Emile Cioran, die vollendete Ratlosigkeit. Erst auf dem Grund des ausgeschöpften Brunnens der Ratlosigkeit – blitzt der Kristall des neuen Rates; Rat, von dem wir nichts ahnen konnten, solange wir noch nicht ratlos waren.
Gib uns Verzweiflung. Wir brauchen sie, lehrte uns Hermann Hesse, weil sie jene Kraft ist, die der Beruhigte, Selbstgewisse nicht hat, welcher folglich das Notwendige nicht wendet.
Nur die Verzweiflung, die wir *nicht* akzeptieren, richtet uns zugrunde. Die Verzweiflung, in die wir uns *einlassen,* ist ein Rettungsmittel. Nicht unwendbares Schicksal wird uns geschickt, sondern rettende Verzweiflung.
Gebete der Endzeit: Bitten nur um Gaben, die wir schon reichlich haben.
Wenn dies der Grund ist, aus dem neue Utopie springt, so ist es jener selbe, auf dem bisherige Utopie scheiterte. Karl Mannheim hat in »Ideologie und Utopie« (1929) die »Austrocknung« aller bisherigen Utopie vorausgesagt: der »orgiastisch-chiliastischen«; der »liberal-humanitären«; der »konservativen«; der »sozialistisch-kommunistischen«.
Mannheims vorsichtige Schlußfolgerung, vor über sechzig Jahren: »Wir gehen einem Stadium entgegen, in dem das Utopische sich durch seine verschiedenen Gestalten völlig (zumindest im Politischen völlig) destruiert.«
Er hat recht bekommen. Woraus nur folgt: Der Raum ist frei für neue Utopie.
Wir haben zu akzeptieren, daß wir nicht wissen, wie diese Utopie aussehen wird. Verglichen mit den detaillierten Bauplänen bisheriger Utopie ergibt sich ein Anlaß zu Demut. Als alter Sozi würde ich das so sagen: Der Sozialismus muß auf

die Knie, ehe er sich wieder erheben kann. Nieder mit dem Sozialismus! Hoch der Sozialismus! Usw.

IV.13. Ohne Humor keine Utopie

»Mit dem Begriff des kommunikativen Handelns fällt den illokutionären Bindungsenergien einer verständigungsorientiert gebrauchten Sprache die wichtige Funktion der Handlungskoordinierung zu« (Habermas, Faktizität und Geltung, 1992, S. 23).

Logorrhoe? Nein, das heißt schon nicht nichts. Bei Bloch ist's warm, bei Habermas kühl.

Wo ist das Land Utopia? Man rufe, und es schweigt Habermas, und es meldet sich Bloch. Utopie ist, lautet ein Schlußsatz des »Prinzips Hoffnung«: »das, was für sich selber spricht, indem es noch schweigt.«

Schweigt und tanzt. Finsterbrauige und Furchtsame, schöpft Lust und Mut, gleich tanzt sie wieder, die Utopie. »This dancing chorus of thoughts and hopes ... the quarry of future ... possibility!« – »Dieser tanzende Chor von Gedanken und Hoffnungen ... der Steinbruch der Zukunft ... Möglichkeit!« – schwärmt der erzromantische, erzamerikanische Philosoph Ralph Waldo Emerson, ein Vergessener (1803–1882).

Kein vernünftiger Romantiker hält viel von Wissenschaft. Sie sollte dienen, sie wurde Herrin. Weil wir sie nicht mehr tanzen lassen, unsere Gedanken und unsere Hoffnungen. Es geschieht uns recht. Emerson:

»Der beste Teil des menschlichen Geistes ist nicht, was er weiß, sondern was in ihm schwebt, schimmert, lockt, sich andeutet und nicht festmachen läßt.« – Utopie eben. Abglanz von Gerechtigkeit, Frieden, Paradies samt Baum und Apfel und Schlange.

Humor ist, lacht Ernst Bloch, »die unaufdringlichste aller Utopien« (»Prinzip Hoffnung«, S. 1034).

Der gewöhnliche Philosoph ist wie Gott, beide lachen nicht. Nur die größten Philosophen lachen trotzdem; wahrscheinlich lacht auch Gott trotzdem.
Voltaire verkleidete sich bei einem Brüsseler Maskenfest, 1739, als »l'envoyé d'Utopie«, »Gesandter aus Utopia«, aber kein Brüsseler verstand den Witz. Niemand wußte dort, wo das Land Utopia liegt.
Voltaire wußte es von den Engländern. Sie, die angeblich Nüchternen, zählten ja zu den ihren den Erfinder des Landes Utopia, Thomas More, dessen Humor bis zum Nachttopf reichte. Die Utopier, behauptete er, verwenden in ihrem Lande Gold nur zur Herstellung von Nachttöpfen.
Einem Mann wie Thomas More, der sich tapfer köpfen ließ – er weigerte sich, den windigen Heinrich VIII. als sein kirchliches Oberhaupt anzuerkennen –, wird man aber jenen besten Witz nicht absprechen können, lieber zu sterben, als sich zu beugen.
Nietzsche nannte seine Philosophie »Die fröhliche Wissenschaft«. Über seiner Haustür wollte er stehen haben: »Ich lachte noch jeden Meister aus, der sich nicht selber ausgelacht«.
Meister Brecht dichtete:
»Heute, mittag um zwölf Uhr
Beginnt das goldene Zeitalter ...
Warum, fragten wir uns,
Das goldene Zeitalter noch aufschieben?
Wir leben nicht ewig.«
Meister Brecht dichtete:
»Lob denen, die den undurchführbaren Plan vergessen! ...
Die Sorglosigkeit soll nicht entschuldigt werden.
Mehr wäre möglich gewesen.
Das Bedauern wird ausgesprochen.
(Was könnte es helfen?)«

Eine humorlose Utopie ist keine. An seiner Humorlosigkeit ist der Sozialismus zugrunde gegangen. Jetzt ist er ein toter Hund. Genau jetzt – weil theologisch der Tod die Voraussetzung ist der Auferstehung – genau jetzt kann er auferstehen, der tote Hund, schweifwedeln und bellen.

Innehalten

I. VERZWEIFLUNG, WELCH HALT

Der eine liebt das Nichts, aber nicht nur. Der andere hingegen liebt das Nichts, aber nicht nur.

Der eine liebt das Nichts und im Nichts den Kampf gegen das Nichts und gleich auch die wahrscheinliche Vergeblichkeit dieses Kampfes. Heldentum, welch ein Halt.

Der andere hingegen liebt das Nichts und im Nichts den Nichtkampf gegen dieses und die nichtbekämpfte Katastrophe. Bosheit und Gesundheit, Lust und Lebenskraft gewinnt er in und aus dem Untergang. Verzweiflung, welch ein Halt.

Der eine ist still eingehaust im oberschwäbischen Dorf Wilflingen, dort geht er durch seinen Garten und findet die Frühlingsblumen schön. Und findet er einen frühen Käfer, legt er ihn auf ein stets mitgeführtes blütenweißes Tuch und findet ihn schön. Er ist ein Finder.

Der andere hingegen ist ein Sucher und entschlossen, nichts zu finden, was schön sei. Er findet auch nicht mehr seine frühere Lust an der Schönheit der Katastrophe. Er sitzt in Paris in einem Armenkrankenhaus im Armsessel und muß gefüttert werden. In dieser Katastrophe Lustmolch zu sein, hindert ihn der Alzheimer.

Beide Oudenophilen – das Nichts Liebende, der eine glücklicher, der andere unglücklicher Liebhaber – sind eher kleinge-

wachsen und haben große, traurige Augen. Diese halten sie neugierig offen, der eine sehr wach, der andere mit Unterbrechung durch Dämmern. Im Wachen wie im Dämmern finden die Befreundeten – es gibt ein schönes Foto der beiden, in der Pariser Mansarde Ciorans – keine Antwort auf ihres gemeinsamen Freundes Heidegger Frage, mit altdeutschem Ypsilon, warum etwas sey und nycht nychts. Es macht ihnen aber nichts, denn sie lieben ja das Nichts, und nicht das Etwas, aber in Wahrheit lieben sie schon auch das Etwas etwas:
Beide sind eigentlich Feinspitze des Lebens. Dieses meinte es relativ gut mit ihnen, und sie genossen es, der eine professionell heroisch, der andere professionell melancholisch.
Der eine hat diese seltene, aber wenn sie gegeben ist, schier unbesiegbare Uraltgesundheit; vom runden Hunderter schreitet er vorwärts; gut wie er schläft und gut wie er ausschaut, wird er runde 120.
Der andere hingegen wird unrunde 84; kommt überhaupt noch der runde Geburtstag? Es ist fraglich; er war sehr gesund, aber nie gern gesund, litt an produktiver Schlaflosigkeit; dämmert jetzt von seinem literarischen Erfolg mit Scheitern hinüber ins physische Scheitern.
Der eine war schon recht(s) vergessen und ist jetzt voll da; sogar Castorf wünscht sich Stahlgewitter.
Der andere hingegen war hierzulande – ein Rumäne, der in den vierziger Jahren nach Paris überwechselte – nie sehr berühmt und ist jetzt auch in Tout Paris, das ihm zu Füßen lag, halb vergessen.
»Waldgänger aber nennen wir jenen« – benennt der eine sich (»Der Waldgänger«, 1951) – »der durch den großen Prozeß vereinzelt und heimatlos geworden, sich endlich der Vernichtung ausgeliefert sieht. Das könnte das Schicksal vieler, ja aller sein – es muß also noch eine Bestimmung dazu kommen. Diese liegt darin, daß der Waldgänger Widerstand zu leisten ent-

schlossen ist und den, vielleicht aussichtslosen, Kampf zu führen gedenkt.«
Der Waldgänger ist Gartenspazierer geworden. Widerstand und Kampf sind Firlefanz geworden, außer gegen den Tod. »Der Waldgang«, so geht obiges Zitat weiter, »ist daher in erster Linie ein Todesgang.«
Der Waldgänger/Gartenspazierer schreibt immer noch Tagebuch; bisher drei Bände, »Siebzig verweht«, 1980ff.; der vierte ist im Erscheinen. Der Armsesselsitzer hingegen, früher Kaffeehausgänger, auch enthusiastischer Radfahrer, hat zu schreiben aufgehört (daher der Alzheimer). Kämpfer war er nie, sondern Lüstling des Lebens, wo es am lebendigsten ist, nämlich als Prozeß von Katastrophen.
Das ist der »große Prozeß«, von dem auch der Waldgänger ausgeht, dieser aber als Widerständler, der Hoffnung hat, sei's auch bloß die realistische auf vielleicht aussichtslosen Kampf. Der andere hingegen geht aus von der noch viel realistischeren Lust des Energiebezugs aus kampfloser Hingabe an Untergang und Leid.
»Ich liebe die Gedanken, die einen Duft von Blut und Fleisch bewahren. Haben die Menschen noch immer nicht begriffen, daß ... ein Schrei der Verzweiflung viel bezeichnender ist als eine geistreiche Bemerkung?« (»Auf den Gipfeln der Verzweiflung«, erstmals 1934)
»Alle Formen des Niedergangs sind dazu da, mir Halt zu verleihen.« (»Von Tränen und Heiligen«, erstmals 1937)
»Man erwartet Taten von uns, Beweise, Werke, aber alles, was wir erbringen können, sind verwandelte Tränen.« (»Lehre vom Zerfall«, 1949)
»Zeichen dafür, daß man alles verstanden hat: grundlos weinen.« (»Die verfehlte Schöpfung«, 1969)
»Setzen wir auf die Katastrophe, die unserer Begabung und unserer Neigung angemessen ist ... Im Vergleich zu Perioden

des Wachstums, des wirklichen Wahnsinns, erscheinen die des Untergangs vernünftig.« (»Gevierteilt«, 1979)
Fünf Zitate aus des anderen fünf wichtigsten Büchern – 1934 bis 1979 – und die Frage ist beantwortet, warum er das Weiterdämmern dem Weiterschreiben vorzieht. Deutlicher als die Wiederholung ist das Schweigen.
Der eine sammelt weiter Käfer und Tagebuchnotizen – darunter so kostbare wie: »Jedermann ist auch Autor seines eigenen Lebenslaufes ... So mußt du sein! – diese Qualität des Menschen zu treffen, sein Verhängnis, sei es tragisch, heroisch, komisch oder widerwärtig, ist Aufgabe des Autors.« Der andere hingegen hat das Verbleiben im Scheitern gewählt. So muß er sein! – tragisch, heroisch, komisch, widerwärtig.
»Das Alter ist meine Niederlage. Mit dem Alter werden die Widersprüche immer schwächer. Sie sind nicht überwunden, aber man verfügt nicht mehr über die Lebenskraft, sie für sich zu nutzen, und das ist mehr oder weniger das Ende« (Gespräch Ciorans mit H. N. Jocks, »Frankfurter Rundschau«, Weihnacht 1994).
Der eine, ob als Kriegsheld oder Friedenskämpfer, Nationalist oder Weltstaatbefürworter, Anarchist oder Olympier, Käferforscher, Essayist, Romancier thront auf seinen Dutzenden Bänden, immer kühl, kühler, am kühlsten. Der andere hingegen schrieb nur schmale Essaybände, aber aus vulkanischem Material. Ein Schriftstellerfreund, der passenderweise Vulcanescu heißt, bescheinigt ihm »die rumänische Dimension des Daseins« (1944):
Ein grenzenloses Temperament, eine Glut und Wut, sich selbst, die Menschheit und das Weltall zu beschimpfen und zu vernichten.
Ach, er hätte Heiliger werden können, wurde es fast. Mit 26 gab es die Weggabel, er wählte das Scheitern statt der Heiligkeit. Mit Mühe entzog er sich der heiligen Teresa von Avila,

»sie ist von solcher verzaubernder Inbrunst, daß man glaubt, auch wenn man nicht glaubt«.
Sein Zugang bleibt streng untheologisch. »Für den schuldhaften Kuß einer Heiligen würde ich die Pest wie einen Segen annehmen ... Werde ich eines Tages rein genug sein, mich in den Tränen der Heiligen zu spiegeln ... Beim Jüngsten Gericht werden einzig die Tränen in die Waagschale gelegt«: Sein Buch »Von Tränen und Heiligen« (1937) ist zutiefst gotteslästerlich und noch ein Stück tiefer fromm.
Die heilige Teresa von Avila hat ihn nicht geküßt, aber die Kaiserin von Österreich hat ihn sauber erwischt – gleichfalls aus der Ferne, aber voll. Die von Operette, Film, Musical durchidiotisierte »Sissi« war in Wahrheit sehr begabt, halb Dichterin, halb Irre. Der junge Cioran – seine Heimat Siebenbürgen gehörte zum alten Österreich–Ungarn – macht sie zur Kaiserin seines »leidenschaftlichen Interesses«.
Feiernd Österreich–Ungarn als »Generalprobe unseres baldigen Untergangs«, sah Emile Michel Cioran in seiner Kaiserin »die Gewißheit der universellen Vergeblichkeit, die Apotheose des Umsonst ... Mischung von Grazie und Unheil, von Ahnung und Trostlosigkeit – ja, sie ist das Unentrinnbare als ewige Melodie, als Grundton des Lebens«.
Im Gespräch mit seiner Übersetzerin Verena von der Heyden-Rynsch zitiert Cioran, der von so ziemlich allen Philosophen nichts hält, Sissi ganz ernsthaft als Philosophin, *seine Philosophin:*
»Die wahren Tränen kann man nicht weinen, und die man weint, verrinnen alle umsonst.«
»Die Sterne sind schimmernde ferne Leichen.«
»Der Wahnsinn ist wahrer als das Leben.«
»Der Todesgedanke reinigt wie ein Gärtner, der das Unkraut jätet ... Deshalb halte ich den Schirm oder den Fächer vor meinem Gesicht, damit er ungestört gärtnern kann.«

Soll einer sagen, daß diese Sissi nicht cioranisch ist, dieser Cioran nicht sissisch. In allen ihren Schlössern befahl die Kaiserin ein Bild der Elfenkaiserin Titania aufzuhängen, wie diese mit dem Esel zu Bette liegt. Eine Anspielung auf ihren Gatten Franz Joseph kann das nicht gewesen sein, der lag fast nie mit ihr zu Bett.

Sie hielt sich ihm fern, obgleich er sie verständnislos liebte. Sie liebkoste statt dessen den »Eselkopf unserer Illusionen, den wir ohne Unterlaß streicheln«. Cioran, dessen Verhältnis zu Frauen ein alt-balkanisches war – Bibliotheken und Bordelle seien seine liebsten Aufenthalte, bekannte er als junger – dieser Erzchauvi also liebte seine Philosophenkaiserin verständnisvoll. Philosoph, welch ein Lustmolch. Verzweiflung, welch ein Halt.

Gut schreiben über Verzweifelt-Sein kann nur, wer es selber ist. Ich bin's nicht. Bin ich's nicht? Cioran ist es. Ist er's? – Nikolaus Sombart hat die unverschämte Theorie aufgestellt (in: »Pariser Lehrjahre 1951–1954«): Cioran sei ein maghrebinisches Schlitzohr; er habe die Pariser Lit-Pol-Crême munter hineingelegt; er sei gar nicht so verzweifelt, sondern könne nur sehr gut schreiben.

Cioran kommt ja aus jenem selben altösterreichischen, rumänisch-ungarisch-deutschen Genie-Eck, wo sie alle, von Sprache zu Sprache schlüpfend, sehr gut schreiben können; Rezzori, Erzähler schöner Lügengeschichten; Celan, täuschend echter Lyriker (und Cioran-Übersetzer).

Aber die höchste, atemraubende *Qualität* der Cioran'schen Verzweiflungs-Prosa – die eigentliche Ursache seines Weltruhms – spricht gegen Sombart und dafür, daß Cioran ein *echter* Verzweifler war. *Für* Sombart spricht – aber darum nicht gegen die Echtheit der Cioran'schen Verzweiflung –, daß der Verzweifelte aus seiner Verzweiflungs-Prosa Lebenslust und Gesundheit bezog. In Paris und in Verzweiflung leben, kann's was Schöneres geben? Bekennend zitiert Cioran seinen älteren Zwillingsbruder, Baudelaire: »Schon beim Aussprechen des Wortes Malheur spüre er so etwas wie eine Wollust« (in: Christomanos, Elisabeth von Österreich, Matthes & Seitz 1993, wo Cioran das Hohelied seiner Sissi singt, der Kaiserin von Österreich und Melancholia).

Ein ganz anderer Einwand erhebt sich als der Sombart'sche, mißgünstige.

Der Einwand nämlich, daß Verzweiflung *rettende* Kraft haben muß. Wie sprechen zwei Heilige aus meiner Zettelkasten-Lotterie:

»Gibt es eine schöpferischere Kraft als die Verzweiflung?« (Erwin Chargaff, Bemerkungen, New York 1981).

Und: »Die Verzweiflung schickt uns Gott nicht, um uns zu töten, er schickt sie uns, um neues Leben in uns zu wecken« (Hermann Hesse, Glasperlenspiel, 1943).

Hat die Verzweiflung, außer daß er sich mit ihr verlustierte, nein, sterbenstief einließ – Cioran auch gerettet? Die Religion wies Cioran zurück, um nicht gestört zu werden im Kohabitieren mit der Verzweiflung; und den Alzheimer kriegte er, von welcher Krankheit ich behaupte, daß sie nur kriegt, wessen Verzweiflung die kreative Kraft der Lebensrettung und Sterbensrettung *nicht* hat.

Das andere große Beispiel für nicht-rettende Verzweiflung ist Nietzsche, auch dieser zugehörig zur Bruderschaft Ciorans. Verzweiflung als Punkt und Stillstand (»Sum in puncto desperationis«: Nietzsche an Overbeck, 1881). Als Punkt, über den nicht hinausgelangt wird – statt als Prozeß, der wohin führt, ja, wohin? – jedenfalls darüber hinaus.

Das Ver- der Verzweiflung hat es in sich. Ver- markiert den Schlußpunkt, der doch keiner ist, sondern ein Weiter scheint durch. Wenn ich irre und schließlich ver-irrt bin, könnte ich doch den Weg wieder finden, mich ent-irren. Erst Er- ist der

wirkliche Schlußpunkt: trinken, er-trunken; schießen, erschossen. Ciorans Verzweiflung ist Er-zweiflung.
Freilich ist präzis dies seine Größe und rumänische Faszination. Ich war verzweifelt, jetzt bin ich durch, jetzt bin ich's nicht mehr: das ist Spießerbiographie, letzte Seite, wo ein Heiligenbildchen einzulegen ist als Lesezeichen.
Kant sagte noch »Es ist gut!«, und daraufhin starb er (berichtet der erfinderische De Quincey). Cioran sagt, es ist verzweifelt, und vegetiert weiter. Er, der Spezialist des Selbstmordes!
»Selbstmord begehen nur die Optimisten«, antwortet Cioran (»Syllogismen der Bitterkeit«, 1980) – Selbstmord begehen die Optimisten nämlich »dann, wenn sie es nicht mehr sein können. Die anderen, die keinen Grund zu leben haben, warum sollten sie einen Grund haben zu sterben?«
Die Religion führt nicht aus der Verzweiflung. Die Verzweiflung *ist* schon die Religion: »Gott ist eine Funktion der Verzweiflung« (»Von Tränen und Heiligen«, 1937).
Daher ist es auch verzweiflungsvoll egal und verzweiflungsvoll faszinierend, ob es Gott gibt oder nicht. Getreu Baudelaires Tagebuch: »Gott ist das einzige Wesen, das, um zu herrschen, nicht einmal der Existenz bedarf« – erwägt Cioran:
»Da Gott eine Funktion unserer Verzweiflung ist, müßte er, selbst in Anbetracht unwiderleglicher Beweise seiner Inexistenz, weiterhin existieren. Alles plädiert für und gegen ihn, denn alles, was ist, leugnet und bestätigt ihn. Gotteslästerung und Gebet sind gleichermaßen berechtigt.«
Und unerschütterlich inkonsequent gibt sich Cioran der Gotteslästerung hin, aber nicht dem Gebet: »Ich bin Atheist, glaube weder an Gott noch bete ich. Aber es gibt eine religiöse, undefinierbare Dimension in mir, jenseits des Glaubens«, definierte sich Cioran jüngsthin (»Frankfurter Rundschau«, Weihnacht 1994).
Jenseits des Glaubens ist Mystik. Mystik ist so schön, daß

man den Glauben gar nimmer braucht. Von der spanischen Heiligen Teresa bis zum deutschen Jakob Böhme, und wieder retour, verschlang Cioran die Mystiker. Jetzt nicht mehr, jetzt ist er zu erschöpft, gesteht er seiner Gesprächspartnerin Sylvie Jaudeau (Erker-Verlag 1992). Aber er bleibt bei seiner Begeisterung für den rüden Spruch des alten Flaubert: »Ich bin Mystiker, ich glaube an gar nichts« (»Je suis mystique et je ne crois à rien«; diesen zitiert auch Benn mit gleicher Begeisterung, Essays und Reden, S. 578).

Weiß der Teufel – ach wieso denn dieser? – was das ist, eines ist es sicher nicht: gedankenlose Gotteslästerung. »Denn es ist Gotteslästerung, gedankenlose Ehrerbietung zu haben für den, an den man glauben soll oder sich ärgern«: Kierkegaard, »Einübung ins Christentum«, 1850.

Die Theologen lästernd, ist Cioran selber einer, freilich spitziger, spritziger. »Der Unterschied zwischen dem Theoretiker des Glaubens und dem Gläubigen ist so groß wie der zwischen dem Psychiater und dem Irren« (»Die verfehlte Schöpfung«, 1969). Aber dieser Unterschied ist doch gar nicht groß. Der gute Psychiater ist immer zugleich Irrer. Er ist sein eigener Patient und hat bei diesem soviel Erfolg wie bei vielen seiner anderen Patienten, nämlich wenig bis gar keinen.

Mit seiner Selbsttherapie der Verzweiflung ist Cioran weder Psychiater noch Narr, sondern beides. Gott macht beim Seelendoktor Cioran besonders gern Supervision; beide freuen sich wechselseitig an ihrer Unverbesserlichkeit.

»Die Sonne macht Feierabend; sie schenkt uns ein Nachglühen. Das Museum wird geschlossen; das Konzert ist aus. Ein Pergament wurde beschrieben, eine Leinwand bemalt. Die Zeit wird Lettern und Bilder löschen, dennoch ist etwas Unauslöschliches geschehen. Der Einzelne kann vergessen … Verändert hat es ihn trotzdem, auch wenn die Geisteskräfte abnehmen … Vielleicht vergaß er sogar den eigenen Namen –

das Altern ist nicht nur ein Ab-, es ist auch ein Aufräumen.« Jünger (»Die Schere«, 1990) hat leicht reden. Er ist fein heraus. Der im Armsessel sitzt und gefüttert werden muß, ist Cioran.

II. OHNE SCHÖNHEIT, WELCH TOD

II.1. Unser Sado-Maso-Herz

Ein Alpinist, im freien Fall seinem Ende zusteuernd, sieht geschwind noch sein ganzes Leben vorüberziehen: ein solcher abstürzender Alpinist ist die Menschheit oder doch ihr westlicher Teil. Auf so abgekürzte Art üben wir Vergangenheitsbewältigung. Final und verkehrt: die Vergangenheit bewältigt *uns* ; das ist ja der Grund, warum wir stürzen.
Und welche Träume bewältigen uns im Höllensturz? Auf dem Berge über Theben sitzt die Sphinx und fragt uns was. Wir wissen keine Antwort. Da schlägt sie ihre gepflegten Krallen in unser freudig zuckendes Sado-Maso-Herz. Als ob der freie Fall nicht genügte, werden wir noch rasch zerfleischt.

II.2. Schönes Biest Häßlichkeit

»Das ist häßlich, das aber ist schön« – mit solchen Spießbürger-Urteilen gelange ich längst noch nicht ins Himmelreich der Häßlichkeit. Häßlichkeit heute ist ein Paradies aus eigener Kraft und Herrlichkeit. Es verbittet sich jede altmodische Messung an der Schönheits-Latte.
Häßlichkeit, ungepaart mit Schönheit, Bestie, die mich unvergleichlich anspringt, oh schönes Biest Häßlichkeit: *Das* erst ist mein Abenteuer. Neue Häßlichkeit, unbegleitet von alter Schönheit, allein und dennoch fortpflanzungstüchtig die »Moderne« durchstreifend: *das* erst ist Gegenstand jener un-

geschriebenen »modernen« Ästhetik des Häßlichen, die zu schreiben mich reizte.

In einer solchen zeitgetreuen Ästhetik des Häßlichen ginge es um die Begriffs-Gymnastik Turnvaters Hegel und Turnvaters Marx, beide unübertrefflich hochmodern: es ginge ums Auf-den-Kopf-stellen: Nicht die Schönheit sei ergänzt und vertieft durch Häßlichkeit; die Häßlichkeit sei ergänzt und vertieft durch Schönheit.

Mitten durch die Allgegenwart gegenwärtiger Häßlichkeit hüpfen die allgegenwärtigen schönen Menschen der Werbung. Das soll ein Zeitalter der Häßlichkeit sein? Aber seht sie euch doch an, alle die miesen Missen und Misters, schlank, gesund, gebräunt, glücklich, die uns Kaffee und Waschpulver andrehen rund um die Uhr.

Schönheit ist häßlich, Häßlichkeit ist schön.

II.3. Ästhetik des Atompilzes

Freilich ist dies eine irre Hoffnung heute, angesichts des überwältigenden Quantums qualitätsloser Häßlichkeit: vielleicht ist Häßlichkeit, auch die neue, doch nur Zwischenraum zwischen alter Schönheit und neuer. Vielleicht ist auch die höllische Häßlichkeit der Gegenwart hochträchtig mit neuer Schönheit der Zukunft.

Honoré Daumier, der die häßlichen Bürger noch häßlicher machte, als sie ohnehin schon sind – zeichnete 1865 eine Spießbürgerfamilie auf Ausstellungsbesuch, begutachtend die »Olympia« des Edouard Manet. Häßlichkeit und Schönheit mischt Daumier exakt durcheinander: Die häßlichen Bürger fordern Schönheit, schönheitssuchend finden die Häßlichen die neue Schönheit häßlich. Aber nicht die »Moderne« ist häßlich; die sie denunzierenden Bürger sind es, blind für neue Schönheit.

Sie sehen nicht das üppig bereitete Frühstück: Häßlichkeit

verspeist Schönheit und delektiert sich an deren Haut Gout. Häßlichkeit verschlingt Schönheit: das ist die Geburt einer neuen Kunst.
Manet war Verwandlungskünstler. Er nahm schöne alte Meister und kopierte sie unter Beifügung von Häßlichkeit; kopierte sie also nicht. Aus der Venus von Urbino des Tizian, die nichts als schön ist (ist sie nichts als schön?), wird seine Olympia: Häßlichkeit ist der direkteste Umweg von alter Schönheit zu neuer.
In einem Brief von Edgar Degas (1882) findet sich die undeutliche Klage, man habe der Schönheit »ihre Häßlichkeit geraubt«. – Der Raub ist nicht gelungen. Von den Frauen fordert Degas (1872) »in ihren Reizen noch jenen Hauch des Häßlichen, ohne den alle Seligkeit nichts ist«.
»Kunst ist unanständig und grausam«, definiert Degas. Nur: was hat das alles zu tun mit der durchschnittlichen, totalitären, faschistischen, stalinesken Häßlichkeit des Heute und Morgen? Die Ästhetik des Häßlichen kann den Atompilz schön finden. Aber die Architektur der Kapitalismus- und Sozialismus-Bürokratie und der aus beiden vereinigten Eurokratie kann niemand schön finden. Jetzt nicht und bis in alle Zukunft.

II.4. Glitzerndes Satanswerk

Mit der allgegenwärtigen Häßlichkeit unserer Welt befaßt sich noch auffälliger keine moderne Kunsttheorie als mit der allentwichenen Schönheit dieser Welt. Weil die Häßlichkeit allgegenwärtig ist, bleibt sie allunbemerkt.
Das war nicht immer so. Solange es viel Schönheit gab, gab es auch einige Befassung mit Häßlichkeit. Sie galt als bemerkenswerte Nebensache der Hauptsache Schönheit, als deren gelegentliche Negation, hegelianische »Aufhebung«: Emporhebung zu noch größerer Vollkommenheit.

Bißchen Häßlichkeit machte viel Schönheit noch schöner. Karl Rosenkranz, Hegel-Schüler und Klassizist, in seiner »Ästhetik des Häßlichen« (1853) – der einzigen, die bisher geschrieben wurde:
»Das Häßliche ist nur, soferne das Schöne ist. Wäre das Schöne nicht, so wäre das Häßliche nicht. Das Schöne ist die Bedingung seiner Existenz. Das Schöne ist ein Absolutes, das Häßliche, wie das Böse, nur ein Relatives.«
Heute ist es genauso, nur umgekehrt.
Das Häßliche ist auch, soferne das Schöne nicht ist. Wäre das Schöne nicht, so wäre das Häßliche dennoch und erst recht. Das Schöne ist keine Bedingung seiner Existenz. Das Häßliche ist ein Absolutes, und das Schöne, wie das Gute, ein Relatives.
Heißa, gleich auch noch Adorno auf den Kopf gestellt, der in seiner »Ästhetischen Theorie« (1970) dem »Gemeinplatz« zustimmt, »daß Kunst im Begriff des Schönen nicht aufgeht, sondern ... des Häßlichen als seiner Negation bedarf«. Aber nein: es kann durchaus ein Motto der Moderne sein, daß Kunst im Begriff des *Häßlichen* aufgeht und nicht der Schönheit als seiner Negation bedarf.
Das wäre die Basis für eine neue Ästhetik des Häßlichen, ein glitzerndes Satanswerk, nach welchem kein Bedarf besteht in der modernen Kunsttheorie. Dort herrscht korrektes Schweigen über Schönheit wie Häßlichkeit. Die ach so nötigen Urteile »Das ist schön« und »Das ist häßlich« bleiben heimtükkisch überlassen dem Volk und somit der Verachtung.

II.5. Penchant für das Ekelhafte

Schon Friedrich Schlegel ist aufgefallen, dem ersten Kunsttheoretiker, der sich an die Häßlichkeit positiv heranwagt, romantisch unbekümmert (»Über das Studium der griechischen Poesie«, 1797):

»Das Schöne ... ist so wenig das herrschende Prinzip der modernen Poesie, daß viele ihrer trefflichsten Werke ganz offenbar Darstellungen des Häßlichen sind.« – Das wird sich entweder wieder ändern, meint Schlegel seelenruhig, »oder die Kunst wird auf immer fallen, und unser Zeitalter muß allen Hoffnungen auf Schönheit und Wiederherstellung echter Kunst ganz entsagen«.

Schlegel ahnt die Herrschaft des Häßlichen voraus, die erst mehr als eineinhalb Jahrhunderte später vollends sich etabliert.

Adorno, dem alten Schlegel quer über diese weite Spanne respondierend, gibt das Schöne nicht preis. Er hält es, höchst altmodisch, für »*notwendig* ... Würde sein Begriff auf den Index gesetzt, wie manche psychologische Richtungen mit dem der Seele, manche soziologischen mit dem der Gesellschaft verfahren, so resignierte Ästhetik.«

Adorno ist ein liebenswerter alter Herr. Längst hält keiner der ihm nachgefolgten, ihn gern zitierenden Kunsttheoretiker das Schöne für notwendig. Schönheit ist indiziert, Ästhetik resigniert.

Der Kniebeugen vor dem Häßlichen ermangelt Adorno nicht. »Die Anatomie bei Rimbaud und Benn, das physisch Widerwärtige und Abstoßende bei Beckett ... so dynamisch ist die Kategorie des Häßlichen.«

Adorno, am Schönen verzweiflungsvoll festhaltend, ist reichlich Dialektiker genug, um zu begrüßen, daß sich das Häßliche emanzipiert aus seiner Knechtsgestalt als bloße Negation des Schönen: »Das Gewicht des Häßlichen wuchs in der Moderne derart an, daß daraus eine neue Qualität entsprang.«

Als wäre er ein Gegner der Moderne, denunziert Adorno »eine von Industrieanlagen verwüstete Landschaft, ein von Malerei verwüstetes Gesicht«. Die Techno-Häßlichkeit wie die Kunst-Häßlichkeit »datiert zurück aufs Prinzip der Gewalt, des Zerstörenden ... Im Penchant der neuen Kunst für das Ekelhafte ... schlägt das kritisch materialistische Motiv durch, indem die Kunst durch ihre autonomen Gestalten Herrschaft verklagt.«

Die moderne Kunst verklagt mittels Häßlichkeit die häßliche moderne Realität. Kein Ausblick mehr auf Schlegels romantische Utopie einer *ganz* modernen Kunst, die in einer *ganz* veränderten modernen Realität wieder identisch wird mit Schönheit: »Schon oft erzeugte ein dringendes Bedürfnis seinen Gegenstand; aus der Verzweiflung ging eine neue Ruhe hervor, und die Anarchie ward die Mutter einer wohltätigen Revolution.«

II.6. Schlagt die Schönheits-Faschisten

Wie soll man »modern« aussprechen? Alle betonen es auf der zweiten Silbe. »Modérn«. Aber vielleicht ist der Schlüssel zur absterbenden Moderne, daß man sie richtig abwandelt. »Ich modere, du moderst, wir modern.« Betonung auf der ersten Silbe. »Módern«.

Das ist nur ein Vorschlag. Um einmal in die Tiefe des *»Projektes Moderne«* zu gelangen. »Das Projekt Moderne darf nicht aufgegeben werden«, lautet eine Warnung von Jürgen Habermas, Altmeister der Kunst, Kommunikation zu erschweren mittels Kommunikationstheorie. Also:

Wie vertreiben wir den Gruftduft einer modernden Moderne durch den Frischwind einer wiederum *modernen* Moderne? »The winds of change« nannte das unser aller J.F. Kennedy.

Ich hab da schon allerhand unternommen. In einer Runde von Ganz-, Halb- und Viertelintellektuellen rief ich *»Es lebe die Schönheit!«* Werte LeserInnen, Sie können sich nicht vorstellen, was da los war! Die Ganzintellektuellen verfielen in eine Art Starrkrampf. Hängende Unterlippe. Gekräuselte Nase. Nach links verdrehte Augen. Kiefer knirschten. Die

Halbintellektuellen gerieten in eine Art Veitstanz, während sie rhythmisch riefen: »Schönheit ist reaktionär.« Die Viertelintellektuellen tanzten mit und riefen: »Faschismus!«
Arme Schönheit! Wo sind deine Fürsprecher? Ein paar Spinner und ich Spinner, gemäß Shakespeare, *»we few, we happy few, we band of brothers«* und natürlich auch: Bande von Schwestern; es lebe eure Schönheit!
Oh der Trostlosigkeit, der wir glücklich Wenigen ausgesetzt sind! Oh der abgefeimten Fortschrittlichkeit, die die letzten Sitze der Schönheit uns wegdemoliert unter unserm reaktionären Arsch! Schlagt die Schönheits-Faschisten, wo ihr sie trefft!
Haben Intellektuelle überhaupt eine Seele? Dürstet nicht auch sie nach Schönheit? Was soll mein scheinheiliges Fragen? Bosheit ist kein Lebenszweck. Ich laß euch schon in Ruh'.
Nur noch dieses: Wenn wahr ist, daß Modernität sich definieren läßt, bequem und exakt, als gnadenlose Verhäßlichung der Welt, dann ist auch wahr, daß *»devant les laideurs de ce monde«* (Rimbaud) der Intellektuelle hilflos steht. »Vor den Häßlichkeiten dieser Welt« bewährt er sich nicht als »schöner Geist«, wie er hieß, ehe dies, bezeichnenderweise, zu einem Schimpfnamen wurde. Nun verfällt er in Satire und Verzweiflung; die beiden sind identisch.
Oder aber in todessüchtige Dienstbarkeit: Er lobpreist die Häßlichkeit (»Ich finde schön, was du häßlich findest, das ist doch Ansichtssache«). Er reißt die Schönheit aus den modernen Herzen – mit Grund: Kommerz, Konsum, Leistung, Industrie, Metropolis, nichts dran wäre durchsetzbar ohne Ausrottung von Schönheit.
Noch im Kinderzimmer müssen wunderhübsche Kuscheltiere ersetzt werden durch irgendwelche Monster, Alf, E.T., Dinosaurier – als Vorbereitung fürs häßliche Leben in der Moderne.

Wer Schönheit so verspottet und verfolgt wie der alt-moderne Intellektuelle, der muß viel Sehnsucht nach ihr zu unterdrükken haben in sich selbst. Das macht Magengeschwüre oder Krebs.
Aus dem »Schönheitsmanifest«, das Jörg Mauthe und ich ununterscheidbar gemeinsam im Mai 1984 verfaßten, als die Schlacht um die Schönheit der Hainburger Au herannahte:
»Wir stellen traurig fest, daß das Schöne in keinem Parteiprogramm auch nur erwähnt wird ... Wir zweifeln nicht daran, daß sich die Frage nach der Schönheit sehr bald zu einer Überlebensfrage nicht nur der politischen Parteien, sondern unserer Demokratie überhaupt entwickeln wird. Der Widerwille gegen die Verhäßlichung unserer Welt wird in vielfältigen, auch politischen Formen immer deutlicher ... in immer größerer Entfremdung vor allem der jüngeren und sensibleren Menschen von der herkömmlichen Politik ... Wir verlangen, daß die Schönheit in ihre uralten Rechte wieder eingesetzt wird.«
Eigentlich wollten wir als Schlußsatz: *»Ohne Schönheit stirbt der Mensch.«* Trauten uns dann aber nicht, in zarter Rücksicht auf die progressiven Gefühle unserer zögerlichen grünen Mitstreiter. Natürlich nutzte das nichts. Wir ernteten dennoch verdienten Hohn.
Plötzlicher Selbstverdacht: Vielleicht sind wir Schönheitsmanifestanten die gleichen Dogmatiker wie ihr Schönheitsverfolger, von gleicher Langeweile, weil uns jenes Himmelsgeschenk fehlt, welches Samuel Butler lobpries wie folgt (»Der Weg allen Fleisches«, 1885): »Es lohnt nicht, irgendeine Meinung zu vertreten, wenn man nicht bereit ist, sie im Notfall mit Leichtigkeit und Anmut zu verleugnen.«
Kreuzbrave Verteidiger der Schönheit und kreuzbrave Verhöhner der Schönheit haben hievon beide keinen Tau. Gemeinsam wörteln sie außerhalb des großen Gartens, in wel-

chem blühen: das Gute und die Unsittlichkeit; das Wahre und die Sinnlichkeit; das Schöne und der Schrecken.
Mit Hammer und Sichel wachte einst vor dem Garten der Schönheit und Häßlichkeit Pier Paolo Pasolini und ward begossen von seinen guten Genossen mit Kübeln ideologischen Schmutzwassers, weil er sah und schrieb, nach seiner Arabienreise (»Gennariello«, 1975):
»In den letzten Jahren wurde mir immer klarer, daß Armut und Rückständigkeit keineswegs das größte Übel ist. Da haben wir uns alle geirrt. Die modernen Dinge, die der Kapitalismus im Yemen eingeführt hat, haben die Yemeniten nicht nur physisch lächerlich, sondern vor allem unglücklich gemacht ...
Das gibt mir das Recht, mich meines Schönheitsgefühls nicht zu schämen. Ein Mensch von Kultur kann seiner Zeit nur weit voraus sein oder weit hinterher; oder beides gleichzeitig.«
Da war der moderne Filmer aber auch nicht weiter gelangt als schon der österreichische Orientreisende von Hammer-Purgstall (verstorben 1856). Als vorbildlich rühmte dieser den »Schönheitssinn des Morgenländers, als welcher gar nie ein Dorf sich erbauet ohne große Obacht auf Licht und Schatten, kühlende Brunnen, bequeme Morgen- und Abendsitze, geheime Abgeschiedenheit des Wohnens und Plätze der allgemeinen Aussicht«.
Einst hieß, in tief reaktionären Zeiten, die eigentliche Literatur *»schöne Literatur«*: *»Belletristik«* sagen alte Buchhändler noch, ehe sie aussterben. So schön ist Literatur aber nicht immer. Ferdinand Raimund scherzte: »Weinen könnt' ich, wenn ich denk', was aus mir hätt' werden können.«
Weinen wir.

II.7. Heil Gartenzwerg!

Rosa Luxemburg schrieb aus dem Gefängnis: »Da bin ich

jetzt im grünen Reich zuhause, ich habe es mir erobert im Sturm, in Leidenschaft, und was man so mit Glut erfaßt, das hat in einem feste Wurzeln.« – Es war ein altmodisches Gefängnis (1917), mit einem Garten. »Beachten Sie doch die Luft, die vom leidenschaftlichen Atem der letzten Lindenblüten schwer ist.«

»Immer fühle ich mich in so einem Stückchen Garten ... viel mehr in meiner Heimat als auf einem Parteitag. Sie werden nicht gleich Verrat am Sozialismus wittern ... Aber mein innerstes Ich gehört mehr den Kohlmeisen als den Genossen.«

Als es in Wien das Favoritener Arbeiterheim noch gab, befand sich auf der Stirnwand des Festsaales ein Spruch des SPÖ-Gründers Victor Adler (1902): »Die Arbeiterklasse verlangt nicht nur politische Rechte, wir fordern auch das Recht auf Schönheit.«

Vielleicht allein schon wegen dieses Spruches ließen die Wiener Genossen, die in dieser Stadt soviel Häßlichkeit, bauliche und sonstige, produzierten, das Favoritener Arbeiterheim mutwillig verkommen.

In seinem »Aufruf zum Sozialismus« (1919) wagte Gustav Landauer, Edelanarchist, knapp bevor ihn die Faschisten erschlugen, den umwerfenden Satz: *»Sozialismus ist ein Kampf um Schönheit.«*

Ui, hat der sich getäuscht. Bisher.

»Wer die Schönheit angeschaut mit Augen,
Ist dem Tode schon anheimgegeben,
Wird für keinen Dienst auf Erden taugen,
Und doch wird er vor dem Tode beben,
Wer die Schönheit angeschaut mit Augen.«

Dichtete Platen (1821). Der Graf Platen war ein großer Dichter und ein großer Reaktionär. So dichten sie, die großen Satten, von der Schönheit; die Hungrigen, Niedrigen haben andere Sorgen.

Nein. »Die Arbeiter haben ein noch größeres Bedürfnis nach Poesie als nach Brot. Das Bedürfnis, daß ihr Leben Poesie sei. Das Bedürfnis nach einem Licht der Ewigkeit. Daß sie die Poesie entbehren müssen, erklärt alle Formen sittlichen Verfalls.«
Behauptete Simone Weil (1943) – Lehrerin, weit links, Philosophin, Mystikerin, als Fabrikarbeiterin lebend. Aber einer Intellektuellen ist nicht zu trauen.
Aber dem Gartenzwerg und seinem Rehlein mit den weißen Tupfen! Denn »einzig das Schöne erlaubt, an dem, was ist, sein Genüge zu finden« (Weil). Oh Gartenzwerg und Rehlein! Ihr seid die allerletzten unwiderleglichen Beweise, daß dem Volke Schönheit nottut.
Heil Gartenzwerg! Die Kunst hat das Volk im Stich gelassen; du aber bist ihm treugeblieben. Drum liebe ich den Kitsch; drum liebe ich – drauf kommt's auch schon nicht mehr an – das den Kitsch treu liebende Volk.

II.8. Verhäßlicht ist vergottlost

Wenn »Schönheit ist, was an Natur erinnert« (Friedrich Schlegel), so ist auch ihre alte Negation, die Häßlichkeit, Erinnerung an Natur. Beide blieben in deren Reichweite. Heute aber ist der Naturrahmen gräßlich gesprengt. Natur-Schönheit hat keine Chance mehr. Entweder neue Schönheit entspringt der Techno-Häßlichkeit, oder es gibt keine Schönheit mehr.
Indem ich dies schreibe, merke ich, daß ich's nicht glaube. Aber weiter, die Logik ist eine Teufelin:
So wenig wie Natur-Schönheit hat Natur-Häßlichkeit noch eine Chance. Die hübsche Häßlichkeit der Pickel, Warzen und krummen Beine ist mega-out. Techno-Häßlichkeit ist das ganz andere. In den lockenden Abgrund stürzen wir quer durch ganz naturferne, *reine* Häßlichkeit. Sie fasziniert jeden

halbwegs begabten Feinspitz des Lebens knapp vor dem Tode.
Und noch feinspitziger: auch nach dem Tode. Ich liebe Schopenhauers Spruch, nach dem Weltuntergang werde Musik sein. Er meinte schöne Musik. Es wird aber sein, nein, es ist ja schon: Musik der Häßlichkeit.
Musik ist eigentlich die Zuständigkeit der Engel. Seit die Menschen leugnen, daß es diese gibt, machen Engel keine Musik mehr und Menschen schlechte. Häßliche Musik ist Gotteslästerung.
Ganz gewiß ist das nicht. Es ist auffällig, daß Tiere – doch sicher keine Gotteslästerer – desto häßlichere, lächerlichere Stimmen haben, je schöner, streichelfelliger sie sind, Katzen etwa. Von daher »Katzenmusik«. Im vorigen Jahrhundert wurde sie dargeboten auf allerhand mißtönenden Instrumenten und war ein revolutionäres Mittel zur Beleidigung hochgestellter Persönlichkeiten.
Gott persönlich zu beleidigen, nimmt sich heute niemand mehr die Mühe. Das war ein Lieblingssport der alten, wahrhaften Atheisten; dadurch kamen sie sehr nah heran an Gott. Je glühender der Atheist, desto näher bei Gott, je lauer der Christ, desto ferner.
Der ganz persönliche, leidenschaftliche, gottnahe Atheismus ist ausgestorben. Ein paar ehrwürdige »Freidenker« krebsen noch herum am abgestorbenen Organisationsleib der Sozialisten.
Daß es keine Atheisten mehr gibt, ist das Kainsmal unseres Zeitalters. Die subjektive Gotteslästerung gibt's nicht mehr, sie ist reichlich ersetzt, versachzwangt, verallgegenwärtigt durch objektive Gotteslästerung. Wo du hinschaust, grinst gottlos die verhäßlichte Stadt, das verhäßlichte Land, das verhäßlichte Leben. Verhäßlicht ist vergottlost.
Die alten Kirchenväter, Perverslinge aus Keuschheit, ließen

die Gotteslästerer, Erzketzer, Falschgläubiger gern so sterben, daß diesen am Abort die Gedärme platzten, sie in die Scheiße fielen und drin ertranken – so umweltfreundlich wurden, in der frommen Phantasie der Rechtgläubigen, die subjektiv Gottlosen einst entsorgt. Welche Phantasie aber vermöchte heute ein Mega-WC zu entwerfen, worin die allgegenwärtige objektive Häßlichkeit sich entsorgen ließe!

II.9. Komm zurück, liebe Schönheit

Die Geschichte der Häßlichkeit läßt sich schreiben als Geschichte des Atheismus. Alles Schöne trug stets das Adelsprädikat »von Gott«, Ästhetik, als Theorie des Schönen, war Teil der Theologie. »Ohne eine gewisse Schönheit kann das Leben der Menschen nicht lange bestehen«, lehrte in seiner »Summa theologiae« (1268; pars I quaestio 5 A, 4 ad 1) der heilige Thomas von Aquin.

Nun, die Schönheit ist futsch, praktisch täglich mehr, theoretisch längst gänzlich; Schönheit ist aus der Kunsttheorie ausgemerzt als faschistoid – nun also kann das Leben der Menschen nicht mehr lange bestehen.

Es wird aber, weil ja dies nicht wahr sein darf, eine Wiederkehr der Religion genau aus der Häßlichkeit geben, in die die Gotteswelt eingetaucht ist: eine Wiederkehr des Schönen aus der Unerträglichkeit des Häßlichen.

Der heilige Thomas getraut sich allerhand, wenn er von der Notwendigkeit der Schönheit redet. Er selber war – geht die Tradition - so unförmig dick, daß an seinem Katheder, an welcher Universität er auch lehrte, ob in Paris, Orvieto, Rom, Neapel, stets eine halbkreisrunde Aussägung vorgenommen werden mußte, um seinen Bauch unterzubringen und seine Lehre überhaupt erst zu ermöglichen.

Aber Bauch ist schlimmstenfalls Natur-Häßlichkeit, und Natur-Häßlichkeit nur Kontrast, Ergänzung, Komplettierung der Natur-Schönheit: Teil der Schöpfungsschönheit. Karl Rosenkranz, jener eingangs schon zitierte Einzige, der eine »Ästhetik des Häßlichen« schrieb, gibt diesem die positive Aufgabe, »das reine Bild des Schönen um so leuchtender hervorzutreiben«.

Gott, wie brav. Den heutigen Zustand der Wirklichkeit wie der Kunst trifft das überhaupt nicht. Die Natur-Häßlichkeit ist von Gott, die Techno-Häßlichkeit unseres Zeitalters ist vom *Menschen-Gott,* und so schaut sie auch aus. Der in die Natur-Schönheit einer gewachsenen Kultur-Landschaft, ob Stadt oder Land, bösartig hereingewürfelte Betonklotz hat und will keinen Zusammenhang weder mit dem Natur-Schönen noch mit dem Natur-Häßlichen. Er ist völlig anderer Art und Herkunft, geboren aus Ignoranz und Idiotie des Menschen-Gottes. Die moderne Häßlichkeit ist durchaus originell, apart im Wortsinn: daneben.

Die ältere Sprachwissenschaft behauptete, das lateinische Wort für »häßlich«, »foedus«, indoeuropäisch »bhidhos«, habe Zusammenhang mit griechisch PITHEKOS, »Affe«. Aber das ist eine Beleidigung des Affen.

Es geht aber um die Beleidigung des Menschen. Nie noch mußte der Mensch, auch der elendste nicht, sein ganzes Leben verbringen in ständiger, allseitiger, naturferner und naturfeindlicher Häßlichkeit – der Architektur; der Gesinnungen; der Industrie; des Lebens überhaupt.

Freilich läßt sich die Schönheit der Welt nicht gänzlich ausrotten, bei voller Bemühung ihrer Höhner und Zerstörer nicht. Mitten unter ihnen wachsen immer wieder welche, die schaffen – gegen ihren programmatisch-progressiven Willen – eine verdächtig funkelnde neue Schönheit. Oh untergangsschönes Hongkong.

II.10. Waldeslust an Waldesleiche

»Phantasie und Witz«, weiß der allwissende Goethe (»Die guten Weiber«, um 1800) – »finden mehr ihre Rechnung, sich mit dem Häßlichen zu beschäftigen als mit dem Schönen. Aus dem Häßlichen läßt sich viel machen, aus dem Schönen nichts.«

Die Schönheit der Schönheit ertragen wir, bis auf weiteres, gar nicht mehr, außer als verläßlich unerfüllbare Sehnsucht. Durch den deutschen Wald gehen, während Herr Brentano Waldhorn bläst; eine antike Stadt betrachten, während hinter einer Säule Herr Winckelmann einen Knaben buseriert.

Na das geht doch alles total nicht! Waldeslust ist erträglich nur an Waldesleiche. Nicht ewig rauschet, ihr Wälder, sondern *gerade noch.* Wir lieben die Schönheit bestenfalls unter dem Hundsstern der Nekrophilie. Der normal Veranlagte hält sich ans Feuilleton. Das kritische Feuilleton ist der Kaschmirpullover von uns Intellektuellen gegen unser unstillbares Frösteln.

»Denn das Schöne«, fröstelte Rilke, »ist nichts als des Schrecklichen Anfang ...« Wie geht's weiter? So: »..., den wir noch grade ertragen, und wir bewundern es so, weil es gelassen verschmäht, uns zu zerstören.«

Das, verehrtes Schöne, war ein schwerer Fehler, du Softie. Du hast gelassen verschmäht, uns zu zerstören, o.k., Schönes, *wir* haben *dich* zerstört. Einfach schneller geschossen, dich gekillt, ehe du Zeit fandest, uns nicht zu killen. Ebendrum hatten wir's so eilig.

Im Freistil-Duell zwischen dem Schönen und dem Menschen ist ein gelassener Sekundant Doderer, der Reaktionär.

»Vieles ist gefallen uns zur Trauer
Und das Schöne zeigt die kleinste Dauer.«

Können wir denn zurück? Die gewalttätige Vorsilbe Restreichen, die im Reaktionär und Revolutionär so verräterisch

identisch ist? Natürlich können wir nicht. Natürlich müssen wir trotzdem. Revolution ist das Unmögliche, das sich demnächst ereignet.
Unterdessen richten wir uns ein im Häßlichen, nicht aber ohne jene allerletzte Hoffnung auf Revolution, welche das schmähliche Sich-Einrichten im Derzeit leichter macht.

II.11. Reite, Baubo, reite!

Singen wir das Häßliche, unterm Singen Geschmack dran findend. »Alle Formen des Niedergangs sind da, um mir Halt zu verleihen«: Emile Cioran, insgeheimer Hauptphilosoph dieses Zeitalters (»Von Tränen und Heiligen«, 1937). Oh Schönheit der Häßlichkeit, verleih uns Halt, dazu bist du da. Hoffnung als Passierschein zum Eintritt in die Verliese der Moderne.
Wie Glaube nicht sein kann ohne Aberglauben, so Schönheit nicht ohne Aberschönheit. Die Aberschönheit der Moderne trägt zur Schönheit bei mit gleicher Unvermeidlichkeit wie der Aberglaube zum Glauben:
»Aberglauben is immer noch was Besseres als Unglauben, und ich glaub nun einmal an den Aberglauben, und ich halt große Stücke aufn Aberglauben, und mit einem Wort, um den Aberglauben nehm ich mich an«: Nestroy natürlich (»Höllenangst«, 1849).
Und mit einem Wort, um die Aberschönheit der modernen Kunst nehme ich mich an. Mit der Aberschönheit der modernen Realität hab ich's schwerer, aber auch um sie bemühe ich mich, flüchtend, wenn's zu schlimm wird, in die bunte Weltgeschichte der Häßlichkeit:
Stalin, übel bezeugter Kremlinologie zufolge, liebte nur kahlgeschorene Frauen.
Wenig besser beleumundet ist des zügellosen Karl II. von Britannien Liebesleben; er mochte, nachdem ihm die Schönen

schon fad waren, angeblich nur noch Häßliche. Von diesen wie jenen hatte er mindestens 14 uneheliche Kinder, getreu seinem Motto »Gott verdammt keinen Mann, der sich ein bißchen Vergnügen leistet«.

Dem großen Vergnügen an der Häßlichkeit widmeten die Alten eine eigene große Gottheit, Baubo, die auf einem Schwein einherreitet und lachend ihre Vulva weist. In anständigen Lexika kommt sie nicht vor.

Baubo, reite, zeig her und lache! Villon besang seine fette, furzende Margot, Baudelaire die grobkörnige »Gendarmenhaut« seiner geliebten Mulattin, er berührte sie nur mit frischgewaschenen weißen Zwirnhandschuhen. Und faule Äpfel spornten Schillers Muße. Und Thomas Bernhard liebte überhaupt nur österreichische Baubos, deren liebster er den Ehrentitel gab »Mein Schiacherl«. Vom bayrisch-österreichisch »schiach«, schon alt- und mittelhochdeutsch für »häßlich«.

Reite, Baubo, reite.

Noch bleibt viel zu tun. Gottfried Benn meinte (Briefstelle 1913), Kunst sei »eine Sache von 50 Leuten, davon noch 30 nicht normal sind«. Die restlichen 20, die also normal sind, vielleicht sind's unterdessen schon weniger, gilt's zu denunzieren, zu demoralisieren, aufzuklären.

»Auf alte Weiber stürzt man sich, zur Blüte
Des Greisentums, zu letzter Kommunion
Entleide mich, entlichte mich, entwüte.«

Benn, »Innerlich«, 1921. Häßlich ist schön, schön ist häßlich. Plotin (gest. 270), Erzvater der Gnosis, Denunziant der schönen Leiblichkeit, liebte den Narziss, »der sein schönes Abbild im schwankenden Wasserspiegel greifen wollte, stürzte aber in die Tiefe und ward nicht mehr gesehen«. Dieser Sturz sei geschuldet der »Nichtigkeit von Schönheit ... Schönheit ist nur Schatten«. – Häßlichkeit aber real und haltbar.

Reite, Baubo, reite.

III. Religion, welch Eselsfest

III.1. Widderkehr

Über den Puig Major
Steigst Du strahlend empor,
Jupiter,
Stern der Wiederkehr
Im Hause des Widder.
Bitte, Widder, nicht schon wieder
Wiederkehr, Vernunft zu wider.
Widder, du bist gar nicht dran,
Wir leben im Zeitalter
des Wassermann.
Doch auch der ist sehr
Reaktionär.
Oh wann geht der nächste Pfitschipfeil
Vorwärts steil
Ins Weltzeitalter der Vernunft?
Woher
Die ewige Wiederkehr
Der Irrationalisten,
Populisten,
Nationalisten,
Faschisten,
Papisten?
Mullah von Rom,
Go home!
Schluß mit dem Sit-in
Des 19. Jahrhunderts mitten drin
Im Zeitalter, das uns gehört!
Na gut, wenn ihr euch weiter verschwört,
Weiter auf die Vernunft nicht hört,
Weiter uns Vernünftige verstört,

Entwerfen wir ein Vernunft-t-raumschiff
Und entweichen mit ihm dem Erdenmief
Und gründen, von euch in vernünftiger Ferne,
Auf dem nächstbesten Sterne
Unsere EU für Glück.
Und schießen von dort zurück
Und führen den Vernunftbalkankrieg
Und siegen den Vernunftbalkansieg.
Ein Erdball, der nicht der Vernunft gehört,
gehört zwecks Siegs der Vernunft zerstört!
Da sind wir sowieso grad dran,
Fraglich nicht ob, sondern wann.
So besehen, brauchen wir, Widder,
Halt doch deine ewige Wieder-
kehr. O.k. Widder, kehr,
Doch vernünftig, nicht reaktionär.
(Deia, Mallorca, Oktober 1994.)

III.2. I-A in Deia

»Der Esel aber schrie dazu I-A.«

Es war der letzte Esel in Deia, dem letzten Dorf unter dem Puig Major, 1500 Meter. Ansonsten ist Mallorca frei von Eseln; die Insel ist voll von Touristen. Kein Vergleich, er wäre beleidigend für die Esel.

»Der Esel aber schrie dazu I-A.«

Oh Nächte in Deia, so still, daß man durchs offene Fenster den eigenen Herzschlag hört anklopfen an den Sternenhimmel. Immer wenn's vom Kirchturm drei schlug, schrie der Esel dazu I-A. Ich verkündige euch, schrie er, die Wiederkehr der Religion aus der Dummheit.

Du weißt also, mein Mitesel, daß ich daran schreibe. Komm feiern wir das Eselsfest, wir letzten Esel, wir letzten Vernünftigen in einer tollgewordenen Welt.

Vom Kirchturm schlägt es vier; da spazieren wir – die große Weiße Göttin enthüllt sich aus Nebelschleiern über dem Puig Major – oder stolpern, der Esel ist nacht- und trittsicher, ich nicht, in einen Text unseres Mitesels Friedrich Nietzsche (»Zarathustra«, IV. Teil).

Da sind wir also zu dritt, genau richtig. Tres faciunt asinalium, drei machen ein Eselsfest. Mit Recht schrie(b) Nietzsche, bevor er selber irrsinnig wurde: »Der Irrsinn ist bei Einzelnen etwas Seltenes – aber bei Gruppen, Parteien, Völkern, Zeiten die Regel« (»Jenseits von Gut und Böse. Sprüche und Zwischenspiele«, Nr. 156, 1884).

Nietzsche, bevor ihm jenes Seltene passierte, selber irrsinnig zu werden – war bereits soweit, zwischen Irrsinn und Irrtum keinen Unterschied zu finden, im Gegenteil, einen Zusammenhang. Der Irre, indem er irrt, irrt positiv (»Fröhliche Wissenschaft«, 3. Buch, 124. Stück, 1881):

»Unter den Bedingungen des Lebens könnte der Irrtum sein.«

Tatsächlich. Noch ein Irrer (Gottfried Benn, Ithaka, 1914, 28jährig):

»Das Gehirn ist ein Irrweg. Ein Bluff für den Mittelstand.«

Nieder mit der mittelständischen Normalität: »Sich irren und doch weiter seinem Innern glauben schenken müssen, das ist der Mensch, und jenseits von Sieg und Niederlage beginnt sein Ruhm.«

»Ja, er würde diesen Satz noch einmal schreiben, wenn er noch einmal begönne«, meinte Benn über sich selbst, 70jährig – »selbst wenn er verführte, selbst wenn er verfälschte –, welcher Satz der Erkenntnis wäre ohne Schuld?«

»Unsere ersten 50 Jahre vergehen in großen Irrtümern«, zitiert er Edward Burne-Jones, 1898 – »Dann zwanzig Jahre voller Mühe, und jetzt fangen wir an zu verstehen ... Und dann kommt ein Hoffnungsstrahl und ein Trompetenstoß,

und weg müssen wir von der Erde.« Ja, so hatten wir einen schönen Nachtspaziergang und ein schönes Nachtgespräch. Wir waren uns sympathisch, ich und mein Mitesel. »Wir irrten uns aneinander; es war eine schöne Zeit« (natürlich Goethe, Aus dem Nachlaß. Parabolisch).
»Der Esel aber schrie dazu I-A ... Welche verborgene Weisheit ist das, daß er lange Ohren trägt und allein Ja und nimmer Nein sagt! Hat er nicht die Welt erschaffen nach seinem Bilde, nämlich so dumm als möglich?«
Nietzsche, der Narr, sah klar: Die Wiedergeburt der Religion erfolgt aus der Dummheit. Von daher die Unentbehrlichkeit der Atheisten, dieser Spezialisten für Dummheit. Keine Beleidigung, der glühende Atheist ist ja fast schon Christ. Dummheit vor dem Antlitz Gottes ist eine positive Sache, sie fördert die notwendige Wiederkehr der Religion.
»Der Esel aber schrie dazu I-A. – Du liebst Eselinnen und frische Feigen, du bist kein Kostverächter. Eine Distel kitzelt dir das Herz, wenn du gerade Hunger hast. Darin liegt eines Gottes Weisheit.«
Eselinnen und Feigen. Die Wiedergeburt der Religion aus der Sinnlichkeit. Dummköpfe meinen: Religion ist verdrängte Sexualität; wir meinen: Sexualität ist verdrängte Religion.
Weite nächtliche Gänge unternahmen wir Esel über die Wege am Hange der Sierra de Teix. Unterm Mond das Heer der Ölbäume. Krüppelwüchsig vom Pilz Polyporus, marschierten sie uns entgegen auf ein, zwei, drei, auch vier Beinen. In der grausilbernen Uniform Löcher, quer durch den ganzen Leib; auf dem Helm die grünsilbernen Zweige.
»I will not be afraid of death and bane
Till Birnam forest come to Dunsinane.«
»Nicht wirst du mich in Tod- und Gift-Angst sehn,
Eh' kommt der Birnam-Wald nach Dusinane.«
Er kommt, Brüder Esel. Also sind wir in Angst vor Tod und

Gift. Also schimpft, uns aufzuheitern in schlimmen Zeiten, unser Bruder Nietzsche auf unsern Bruder Papst:
»Und du selber, du alter Papst, wie stimmt das mit dir selber zusammen, daß du solchergestalt einen Esel hier als Gott anbetest?« – »O Zarathustra«, antwortete der Papst, »vergib mir, aber in Dingen Gottes bin ich aufgeklärter noch als du.«
Beim Ketzer Luther steht, in seinen »Tischgesprächen«, das aufgeklärte Wort: »Ach, wenn Gott durch einen Esel redete, ist es doch Gottes Wort.«
Erstens Wiederkehr der Religion aus der Dummheit; der Esel ist das klügste Tier. Zweitens Wiederkehr der Religion aus der Gotteslästerung; der Esel ist Gott, Gott ist ein Esel. Drittens Wiederkehr der Religion aus der Sinnlichkeit; Gott Esel liebt Göttin Eselin bzw. umgekehrt. Viertens Wiederkehr der Religion aus der Ohnmacht; Ohnmächtige und Mächtige stecken beide hilflos in der selbstläufigen Machtmaschine. Fünftens Wiederkehr der Religion aus der Aufklärung der Aufklärung. Ist die Aufklärung vollends aufgeklärt über sich selbst, ist die Religion wieder da.
Prophetisch schrieben schon 1944 in ihrer »Dialektik der Aufklärung« Horkheimer & Adorno, Halbmarxisten, beide zusammen also immerhin *ein* Marxist –: »Die vollends aufgeklärte Erde strahlt im Zeichen triumphalen Unheils.«
Marsch nach vorwärts zurück in den Mythos. Sechstens also Wiederkehr der Religion aus tausend Geschichten und abertausend Bildern. Und siebtens, aber das versteht sich nach allem Gesagten von selbst, Wiederkehr der Religion aus Spott, Hohn, Satire, die aus dem blutenden Herzen schreit.
»Plötzlich aber erschrak das Ohr Zarathustras ... Was geschieht, was treiben sie? ... Wunder über Wunder! Was mußte er da mit seinen eigenen Augen sehen! Sie sind alle wieder fromm geworden, sie beten, sie sind toll! ... Sie liegen alle gleich Kindern und gläubigen alten Weibchen auf den Knien

und beten den Esel an ... Er trägt unsere Last, er nahm Knechtsgestalt an, er ist geduldsam von Herzen ... und wer seinen Gott liebt, der züchtigt ihn.«
»Der Esel aber schrie dazu I-A.
Er redet nicht ... Seine Schlauheit ist es, die nicht redet: so bekommt er selten Unrecht ... Hat er Geist, so verbirgt er ihn; jedermann aber glaubt an seine langen Ohren.«
Der Esel schrie dazu I-A.
Gesprächiger als Nietzsches Esel war jener, den ich in Deia traf. Vielleicht war's eine Eselin, gemäß dem Propheten Sacharja. Bileams Eselin, die es diesem lehrreich hineinsagt, als er den Engel des Herrn nicht erkennt, sie aber schon.
Ob Esel oder Eselin, er-sie war interessant, intelligent, informiert. Genau darum gelten die Esel den Dummen als dumm. Auf dem mondbeschienenen Friedhof von Deia zeigte mir der Esel das Grab des Robert von Ranke Graves, eine einfache Steinplatte, eingeritzt schlicht: »Roberto Graves, poeta«. Er war ein britischer Dichter, Urenkel des deutschen Historikers Leopold von Ranke; Schreiber über die Mythen der Kelten, Griechen, Hebräer; lebte und starb in Deia – ein Eselsverehrer.
Disteln, zahlreich und üppig, wachsen auf den Gründen, die Robert Graves hier in Deia erstand. Vor dem würdigen alten Herrenhaus, mit berauschendem Blick hinunter aufs Meer, stehen zwei riesige Palmen Wache und ein ebenso hoher Tannenbaum zwischen ihnen. Der Gutshof neben dem Herrenhaus ist jetzt ein Luxushotel. Durchs Fenster höre ich meinen Eselsfreund, wenn er mir nächtlich schreit.
Esel fressen, wie man weiß, auch Papier, auch ganze Bücher, und behalten sie. Aus dem vieltausendseitigen Werk des Eselsfreundes Robert Graves wußte mein Esel Wesentliches. Herodot, gestorben 425 v. Chr., ein gewissenhafter Geschichtsschreiber, berichtet vom Wildeseleinhorn, einem

Esel, der auf der Nase ein Horn trägt, in den Farben Schwarz, Weiß, Rot. Das Horn ist spiralförmig gedreht. Die Spirale ist das Zeichen der Ewigkeit. Unwillkürlich blickte ich auf meines Esels edel gebogene Nase, im ungewissen Mondlicht. Ja, da war es, das Horn.
Freilich in den Farben Schwarz, Rot, Gold, wohl ein Tribut an die deutschen Touristen. »Aber schwarz-weiß-rot«, sagte mein gelehrter Esel, »ist diesfalls nicht reaktionär, sondern es sind die Farben, laut Graves, der Mondgöttin: Weiß für den Tod, Schwarz für das Böse, Rot für das Leben.«
»Es sind«, setzte er fort, »die Farben des ägyptischen Hauptgottes Seth. Der Esel ist sein heiliges Tier. Er reitet auf ihm. Mehr noch: er hat selber Eselsohren, und er trägt, als Oberhaupt aller Götter Ägyptens, ein eselsohriges Zepter und einen Eselsphallus, länger als je einer der Menschen und Götter.«
»Wir Esel waren«, sprach stolz der Esel, »in früheren Zeiten heilig auch den Hyperboreern, einem fabelhaften Volk im höchsten Norden, wo es aber dazumals mild, sonnig und fruchtbar war. Apollon urlaubte bei uns jeweils im Frühling. Die Hyperboreer kannten weder Krieg noch Krankheit und starben erst mit tausend Jahren. Selber Vegetarier, opferten sie Esel. Also lieber als geopfert werden bei Hyperboreern, lebe ich hier in Deia«, sagte der kluge Esel.
Kurz noch zitierte er aus des Pindar, um 420 v. Chr., zehnter pythischer Ode: daß nämlich bei den Festgelagen der Hyperboreer Apollon sich freute der zügellosen Geilheit der Esel. »Doch deren wilde Sitten vertreiben die Mädchen nicht, die sich mit ihnen vergnügen, goldenes Laub im Haar.«
»Ach«, seufzte der Esel, »die Mädchen. Mit menschengestaltigen Eseln vergnügen sie sich immer noch, mit eselgestaltigen Göttern nimmer. Früher war das anders. Die feinsten Mädchen gehörten den Eseln, denken Sie an Titania, die Feenkö-

nigin, die mit Eselsbruder Zettel zu Bette lag.« »Carajo«, fluchte da mein Esel. »Carajo bedeutet Eselsphallus«, erläuterte er geduldig. »Das Berühren eines solchen oder eines eselphallusförmigen Amuletts wehrt Unglück ab, desgleichen das möglichst oftmalige Aussprechen des Wortes Carajo.« Und fromm blickte der Fluchende in den Nachthimmel, wo über dem Gebirge der Orion aufstieg. Dieser hat in seiner Mitte drei auffällig funkelnde Sterne, gereiht wie auf einem Stab. »Das ist, laut Graves, der strahlende Eselsphallus des ägyptischen Gottes Seth«, rief der Esel und endete statt mit I-A mit Carajo. Im milden Mondlicht stand er ihm.

III.3. Familienpolitik

In Rom, da sitzt ein alter Herr,
Der selber nicht darf und kann auch nicht mehr.
Himmelherrgottkruzifix,
Von Sex versteht der nix!
Er ist für Befruchtung gegen Vermeidung,
Für ewige Ehe und gegen Scheidung.
Auch uns schockt die Scheidungsstatistik,
Doch ihn fress'n wir täglich zum Frühstück.
Die mangelnde Logik kann uns nicht stör'n,
Wir sind konsequent modern.
Mag wanken die Sozialversicherung
Durch Scheidungszifferverdoppelung!
Mag statt familiärem Kinderheer
Wachsen der Wechselgeschlechtsverkehr!
Die Singles befruchten die Ökonomie!
Soviel konsumikonsumi kann nie
Die kinderreiche Family.

IV. ESELSFEST. WELCH REPORTAHSCH

Lieber Egon Erwin Kisch, was haben Sie da angerichtet! Was nennt sich heute nur alles Reportage. Sie kommen sich so wirklichkeitsnah vor, die Affen, und dabei haben sie nichts reportiert, wenn sie nach Hause kommen. Reportahsch ... auf dieses Wort reimt sich was.
KURT TUCHOLSKY (1931)

Frau T. saß in einem Wandel voll Eselmilch und las aus Büchern, die im Grase lagen. Eselmilch hat sie eselwarm am liebsten. Den Esel Zettel hält sie für die Hauptfigur im »Sommernachtstraum«. Sie begreift nicht, warum er Zettel heißt. Bei Shakespeare heißt er *Bottom,* d.h. Arsch. Sie will nicht feiner sein als der Dichter. Sie gedenkt, das Stück in eigner Übersetzung aufzuführen.

Ihr Wandel war aus Lärchenholz, handgearbeitet. Sie las: Wertewandel, auch Postmaterialismus, Postmoderne, sei die Verweigerung der Anerkennung von Leistung als Ermöglichung der Erfüllung der Bedürfnisentwicklung durch Humanisierung der Ökonomisierung.

Ei potz, da kamen die Clowns aus dem Wald und prusteten los:

CLOWN:
Oh Arsch, Du bist verwandelt!
Was muß ich auf Dir sehen?
ARSCH:
Was siehst Du? Deinen
Eignen Eselskopf!
CLOWN:
Ein Ungeheuer! Flieht! Hilfe!
ARSCH:
Wohin rennt Ihr! Ein Schurkenstreich, mir solche Angst einzujagen.

Ihr wollt aus mir einen Esel machen, aber ich bleib wie ich bin, was Ihr auch unternehmt.

Frau T. sieht ihn auch schon vor sich. Obwohl ihn das Personal der Eselfarm täglich wusch, roch er sehr stark. Sie überlegt, welcher Nagellack paßt zum Teint des Eselphallos, vielleicht ist der gar nicht dunkel, sondern rosa wie bei Negern. Titania, denkt Frau T., wird gewußt haben, warum sie vom faden Elfenkönig mit dem Macho-Namen Oberon – dann ist sie wohl immer die Unterin, typisch – überwechselte zu diesem Monstrum. Wenn schon Macho, dann rosa.

TITANIA:
Nimm Platz auf meinem Doppelbett aus Rosen
Und laß mich Dir die Eselbacken kosen.

ARSCH:
Ich gehör
Zum Frisör
Ich will nicht
Haar im G'sicht.
Bin ein Esel so zart
Mich kratzt der eigne Bart.

TITANIA:
Gern kratze *ich* Dich, Lieber, schlinge mich
Wie Epheu sanft um Deinen groben Stamm.
Ich mag Dich, Esel, komm und sei mein Gott.

Bei der billigeren Kur wurde das Eselsperma mit der tierärztlichen Gummischeide abgesaugt und eselwarm ans Bett gebracht zum Gebrauch als Gesichtsmaske sowie zur Körpermassage. Doch wie rasch auch das geschulte Personal vom Stall ins Gästehaus lief, es verging wertvolle Zeit. Die höchste Potenz bio-organischer Materie hält nur Sekunden. Drum standen, dachte Frau T., die Maya-Könige, oder waren es die von den Azteken, unmittelbar neben dem Gefangenen, wenn ihm der Priester das Steinmesser ins Herz stieß, blitzschnell die Haut abschund, sie dem König überwarf als warmen, triefenden Mantel. Nur das, einmal wöchentlich, hatte die verjüngende Wirkung, solche Könige sollen ja 150 Jahre alt geworden sein in voller Frische.

Also das teurere Abonnement, dachte Frau T. Der Esel wurde aufs Zimmer gebracht wie Frühstück ans Bett. Er wurde mit entsprechendem Zaumzeug an die Bettpfosten gebunden. Bei einem Esel genügen wenige Handgriffe. Es gab auch ein nochmals teureres Abonnement, Trinkkuren. Eselsperma schmeckt anders als beim Menschenmann, wie Pepsi nach New York, nicht wie Cola nach Attnang-Puchheim.

TITANIA:
Mein Oberon, was tat mir träumen?
Ich trieb's mit einem Eselshengst!
OBERON:
Da liegt er, Deine Liebe!
Sei wieder, die du wirklich bist
Sieh wieder, wie es wirklich ist
Erwach aus Deinem Narrenglück
Trau Deinem eignen Narrenblick.

Ach die armen Sozio- und Politologen! legte Frau T. ihr Buch vom Wertewandel weg. Sind sie richtig reaktionär, dürfen sie's nicht sagen, denn das wär nicht wissenschaftlich und keine objektive Grundlage für Maßnahmen gegen die grüne Neuromantik. Sind sie aber deren heimliche Sympathisanten, sitzen sie im Kammerl hinterm Clo in der Arbeiterkammer oder Industriellenvereinigung und müssen erst recht alles objektiv ausdrücken, sonst säßen sie nicht einmal dort hinten lange. Drum ist Wertewandel gerade der richtige Ausdruck. Die Soziologie verwissenschaftlicht alles, bis es nichts mehr heißt.

Frau T. las: In der auf der unter der technischen Innovationsvernetzung produzierten ökonomischen Dynamik basierenden permanent akzelerierten Industriegesellschaft erleben

wir ein Epiphänomen, welches diese Entwicklung, die mit dem Wesen der Demokratie in einem Zusammenhang, in dessen innerstem Kern der Begriff des Fortschritts, welcher in der Geschichte modernen Wirtschaftens beschlossen liegt, sitzt, steht, umzustürzen droht. Will man, wie man muß, das Dürfen der Demokratie mit dem Sollen der Sozialpartnerschaft und ihrem durchzusetzenden Bekenntnis nach fortzusetzendem Fortschritt gleichzusetzen sich entschließen, so kann man, was als sich entgegensetzende, utopische Alternativen erträumende Neoromantik deskriptiv erfaßt ist, praktisch nur in den Griff bekommen als Neofaschismus.
In selbiger Nacht sangen's die Elfen von den Tannenwipfeln.

ELFEN:
Im Walde steht a Mandel
Die Füß im Wertewandel
Und gießt aus einem Kandel
NS-Gedankengut ins Wandel.
Das Mandel hat ein Weibel
Mit einem greanen Häubel
Die schert das keinen Däubel.

Professor E., Ordinarius und Vorstand am hiesigen Institut für eubiotische Rejuvenation trug über seinem feschen weißen Maßkittel einen Charaktereselkopf mit goldgefaßten Brillen. Seit seine private Eselfarm ein solcher Erfolg wurde, blieb er für seine Klientel unsichtbar. In den harten Anfängen – gute Eselhengste kosten ein Schweinegeld – sprang er selber, wo es nottat, ein. Frau T. hatte noch das Glück. In ihrer Erinnerung haftet sein kein Widersprechen duldendes Wiehern oder wie das heißt bei einem Esel.
Unterdessen tummelten sich arglos die Krankenkassenpatientinnen auf der Wiese und warteten, bis sie drankamen. Eine lange Reihe von Plastikwandeln wurde durch Plastikrohre mit Eselmilch versorgt. Sie stiegen hinein und wurden

mit einem Lärchenholzbrett zugedeckt, damit die Wärme der frischgemolkenen Milch länger anhält. Auf ein Glockenzeichen mußten sie wieder heraus. Bis die Krankenkasse zahlte, hat es Professor E. einen langen Kampf gekostet. Dutzendweis gutachteten gute Freunde über den volksgesundheitlichen Nutzen des Eselmilchbades.

Den Ausschlag gab nicht das medizinische Argument, sondern der Hinweis eines Sozio- und Politologen, dessen Frau und Freundin seither ein Doppelfreiabo haben, auf die Demokratie. Seither zwitscherten die Spatzen von den Dächern:

SPATZEN:
Worein
Kaiserin Kleopatra
Badete in Afrika
Muß gut für alle sein
Auf Krankenschein.

Wir können alle viel bescheidener leben, sagte das grüne Mandel im Wertewandel, bis daß die Gichtzeh ihm tat weh vom kristallenen Bergwasser. Ich steig aus, dachte Dr. Grünmandl und zog schafwollene Socken an, ohne sich die Füße abzutrocknen, das tut besonders wohl. Dr. Grünmandl war dem Prof. E. längst unentbehrlich. Er betreute Patientinnen und Esel, Eselinnen und Personal mit gleicher alternativer Heiterkeit.

Seit der medizinisch und medial gebildete Assistent in Gogols »Toten Seelen« beschrieben las, wie der Held seine Sonntagstoilette vollzog, machte er's täglich so und hielt auch die Patientinnen dazu an. Man taucht ein Handtuch ins kalte Wasser, wringt es aus und schnalzt es, das erfordert einige Übung, laut durch die Luft. So fällt ein feiner kühler Sprühregen auf die Haut, Vorgefühl der Abreibung, die nun erfolgt. Gesäß und Genick nicht auslassen.

Was ist *mehr* erforderlich, fragte Dr. Grünmandl. So stark wie die Eselhengste riecht er nicht, fanden gewogene Patientinnen. Sie hatten sich seine Lieblingsgeschichte gemerkt vom unverhofften Ende eines noch nicht begonnenen menschlichen Verhältnisses, sobald sie sagte, Liebling, willst du dich nicht vorher frischmachen und ihr Duschofix aus dem Bjutikäs holte.

So werde ich, schloß Dr. Grünmandl, immer anspruchsvoller in meinem Leben, immer sehnsüchtiger nach Menschenduft, bevor er weggebraust wird unter der Dusche des Fortschritts. Bei Postmoderne muß er immer an Übleis denken, den verflossenen Chef der österreichischen Postverwaltung, der nicht ruhte, bis das süßeste kleine Postamt umgebaut war, daß es ausschaute wie die Zentrale der New York City Bank.

TITANIA:
Oh führt den Esel in mein Heiligtum,
Ihr Elfen, Trauer zieht durch mein Gemüte.
Mit ihm weint jede süße kleine Blüte
Und frägt, warum die Unschuld sterben muß.

Während Frau T. den Shakespeare, wie man merkt, so gut verdeutschte wie noch nie, wuchs das Seltsame auch draußen in der Welt, welche weniger wirklich ist, verglichen mit einem Eselschwanz, aber aufdringlicher. Begonnen hatte es mit dem Wandel, noch niedrigem Gemäuer, jetzt gibt's schon die Wände, woran man hochklettern kann, geschrieben: die Wende, mit E wie Esel.

Erst war die Wende Kohl, bald aber Vernunft. Dr. Grünmandl, außer Assistent auch Hausphilosoph oder vielleicht Kaplan der Schönheitsfarm, bedauerte Prof. E., weil dieser nur materiell interessiert war, statt die Wende hochzuklettern. Die Vernunft brach aus, nach zweihundertjähriger Gefangenschaft in der Aufklärung. Vernunft, volle reiche warme, ist die Vereinigung von Schönheitsdurst und Demokratiehunger, machte Dr. Grünmandl die Augen seiner Patientinnen leuch-

ten. Seht die Eselinnen und Esel, ejakulierte er am Randel vom Wandel seiner Lieblingspatientin und weiterflatternd von Wandelrandel zu Wandelrandel. Sind sie nicht schön, die Tiere?
Die Welt muß wieder schön werden wie Tier und Pflanze und (Verbeugung) Frauen, die in Eselmilch baden. Schönheit und Demokratie sind entzweit. Je mehr die Demokratie fortschritt, desto häßlicher wurde die Welt. Das kann nicht so bleiben. Wir werden es ändern. Schuld ist nicht die Demokratie, sondern die Nichtdemokratie. Unsere Politiker verstehen nichts vom Schönen – schlimmer kann über sie nicht geurteilt werden. Das Volk muß sich in die Demokratie einmischen, muß einfordern sein uralt Recht auf Schönheit.

OBERON:
Ich weiß die Au, wo Gott die Veilchen baut,
auf Geißblatt hängt die bunte Schlangenhaut,
wonach die ungenierten Elfen greifen
und sie sich über ihre Glieder streifen.

So grün ist mein Dr. Grünmandl gar nicht, dachte Frau T., sondern ein alter 68er. Er sieht jünger aus. Auf dem Marsch durch die Institutionen blieb er stecken auf Prof. E.s Schönheitsfarm. Er hat voll drauf, was 1968 Sexpol hieß, Verstrikkung von Sexualität und Politik. Dazu war er katholischer Konvertit, weil ihm Johannes XXIII. so gut gefiel. Als man den fragte, was er denn will, ging er zum Fenster, in seinem Sommersitz Castelgandolfo, und machte es auf, so einfach ist das, meine Damen – Dr. Grünmandl hatte gern, wenn sie nicht verstanden, was er meinte.
Als ich in Berlin in einer Kommune wohnte, schauerte ihn, und sie verstanden schon wieder nicht, da wohnten auch junge Priester, die sagten, jetzt machen wir das mal so, da wird man dann sehen: bleiben wir die einzigen, werden wir verurteilt, machen es viele, kommen die Theologen und basteln

eine Theologie der Mehrfachbeziehung. Na so gut wie Christentum und Krieg, Christentum und Kapitalismus, passen Christentum und Sexualität leicht zusammen. War Jesus verheiratet? Nein. Gründete er eine Familie? Nein. Zog er mit mehreren Frauen herum? Ja. Dazu konnte Dr. Grünmandl sanft schauen wie die andern Esel.
Frau T. wiederholte die Schönheitskur im Zweijahresabstand und hatte ihren speziell ermäßigten Abonnementpreis: Dafür bekam sie Eselmilch, Eselsamen und ein Verhältnis mit Dr. Grünmandl. Sie betrog ihn mit Eselwärtern, meist Akademiker ohne Job und Liebe. Er betrog sie mit Krankenkassenpatientinnen, diesen Trampeln, sagte Frau T., war aber ganz froh, daß er nicht mit ganzem Gewicht auf ihr lag. Männer sind am liebenswürdigsten auf mittlere Distanz. Frauen auch. Daß dies keine einsah, war ein Lieblingsthema Dr. Grünmandls. Daß dies keiner einsah, war ein Lieblingsthema Frau T.s. Sie hatten also gemeinsame Themen, überhaupt klangen ihre Seelen zusammen. Sie glaubten beide nicht an körperliche Liebe, jene klebrige Distanzlosigkeit. Madame, pflegte Dr. Gründmandl cool zu sagen, wenn ihm eine Krankenkassenpatientin Kulleraugen machte, er als Arzt müsse doch wissen, wo er liege, der Punkt, 5 cm rechts von der linken Mitte unterhalb des oberen Scheideneingangs? – Madame, entgegnete er fest, der G-Punkt liegt in Ihrer Seele.
Dort wußte er ihn zu finden. Dann rannen die Säfte aus den Seelen, bis die Leintücher naß waren. Dann hielt er aber auch die Treue, längst ehe amerikanische Soziologen sie wiederentdeckten und »multifidelity« nannten.

TITANIA:
Ariadne Perigune Antiope
Aigle und dieser Amazonentrampel
Hippolyta und noch ein paar – mit allen
treibst Du's, mein Feenkönig Oberon.

Nein, widersprach prinzipiell Frau T. ihrem auch im Bett allzu methodischen Liebhaber Dr. Grünmandl, als er die Menschheit wieder einmal einteilte; und zwar in:
– schlichte Dummköpfe, die meinen, alles geht so weiter wie bisher, weil alles bisher so weiterging wie bisher;
– grüne Dummköpfe, die meinen, die Welt geht unter.
Ach die Erde, was spielt die schon für eine Rolle, spielte Dr. Grünmandl mit der feuerroten Dauerwelle Frau T.s und hatte Angst vor dem Tod. Die Erde ist nur *ein* Stern unter Gottes ungezählten, die Menschheit nur Krätze auf der Erdoberfläche. Wenn in ein paar Jahren die Wälder krachend niederstürzen, oder vielleicht noch eine Zeit tot dastehen – das ist nicht Weltuntergang. Gut, wir sterben mit den Bäumen. *Gut,* wir sterben mit den Bäumen, denn es ist notwendig: Wenn eine Tierart sich zu stark vermehrt und wird zu räuberisch und mörderisch – die muß durch eine große Seuche dezimiert werden auf ein erträgliches Maß. Pest, Cholera, Waldsterben, Aids – da ist Sinn dahinter. Biologisch und theologisch. Dr. Gründmandl war maßlos in beidem, in der Sexualität und in der Theologie.
Auch zwischen den anderen Eselhengsten und Patientinnen entspannen sich verwickelte Verhältnisse, zumal Jungärzte gern bissel wieherten, wenn sie ins Zimmer kamen. Da fiel die Unterscheidung schwer, so täuschend konnten die Esel die Ärzte nachmachen.
Die Absonderung von den Tieren, unsern Brüdern, von den Pflanzen, unsern Schwestern, das ist unser Unglück, drückte Dr. Grünmandl feuchte Patientinnenhändchen. Wir können, gnädige Frau, nicht eins werden als Menschen, wenn wir verlernt haben, eins zu werden mit der Natur. Wer sollte das nicht begreifen, wenn im Wald die Sonne goldene Kringel auf den Boden macht, die Bienen summen und die Käfer krabbeln, das kitzelt, wenn man liegt und Mensch und Natur eins

werden. Auf der Suche nach verlorener Sinnlichkeit krabbelte Dr. Grünmandl durch mancherlei Herzen, ging's nicht bei Sonnen-, so bei Mondenschein.

TITANIA:
Die faule Luft macht unsre Lungen schwach.
Auf große Flut übt jeder kleine Bach.
Die Felder tragen Früchte nimmer lang.
Die Tiere geben auf. Der Wald steht krank.
Im Frühling ist es Herbst. Im Herbst ist Winter.
Kaum blühen Rosen, kommt der Frost dahinter.
Drauf sprießen Knospen aus des Winters Kinn.
Ihr macht alles, selbst das Wetter, hin.

Wir gleichen Betrunkenen, sagte der Dr. Grünmandl, und seine Hand zitterte, erst beim dritten Glas würde sie stet sein und fest, wie Frau T. sie auf sich mochte, ihre Haut war wie Milch von der Eselin und Rotwein vom Dr. Grünmandl. Wir gleichen Betrunkenen, wiederholte Dr. Grünmandl mit dem Wiederholungsdrang der Betrunkenen, wir gleichen Betrunkenen, die ins Cockpit von an Raumschiff torkeln und durt alle Instrumente ausbauen, deren Funktion sie net kennen.

Wir leben im Zeitalter der Logik, erhob Dr. Grünmandl sein drittes Glas. Wir predigen Eselmilch und trinken Wein. Wir haben auf dem Tachometer 220 km/h drauf und sollen nur 100 fahren. Wir bauen die Häuser zu hoch, die Straßen zu breit und die Gewässer zu grade. Jetzt kummt der *Rückbau.* Von die Häuser nehmen wir ein paar Stockwerke, von den Straßen ein paar Meter Breite, Flüsse und Bächen wern in neue Kurven gelegt. Wir entbetonieren die Heimat. Nieder mit der Logik! Hoch die Arbeitsplätze! – Die Klarsicht Betrunkener ist bekannt. An diesem Abend redeten sie nicht weiter, sondern die Sprache mehrerer Körper. Sie kann nicht unlogisch sein. Das sahen die Patientinnen ein.

Seine Kundinnen *heißen* Patientinnen, Prof. E. bestand darauf, denn erst wer auf der Eselfarm richtig behandelt wird, wandelt den Pfad von der allgemeinen Krankheit zur spezifischen Gesundheit, quargelte Prof. E. Was immer das heißen mochte, nämlich garnix, die Patientinnen fühlten sich gleich besser, wenn die weißen Kittel wehten.

PUCK:
Zwei ist fad, besser drei.
Oder von jeder Sorte zwei.
Faust und Gretchen, Esel und Mädchen.
Feucht sei Herz und dick der Kopf.
Schließt der Deckel, kocht's im Topf.

Wieso leben wir so gut, mitten in der Katastrophe, rekelt sich Dr. Grünmandl in den Armen einer wohlschmeckenden Krankenkassenpatientin. Vastehst, wir sin Kämpfer besonderer Art. Wir sitzen auf den oberen Rängen und schauen zu, wie wir unten in der Arena verbluten, kennst di aus. Wir sind die alten Römer, die hungrigen Löwen und die christlichen Märtyrer. Wir schauen uns selber zu. Wir stehen auf der Seite von uns selber, der Hungernden der Dritten Welt und des sterbenden Waldes. So haben wir doppelten Genuß: erstens haben wir das Schauspiel des Untergangs vor Augen, zweitens geht's uns gut.

Und sie beschlossen, ein großes Fest zu machen. Und ritten hin auf Eselinnen und Esel, gesund durch deren Milch und Samen. Als sie ankamen, war das Fest schon im vollsten Schwang, die Tiere standen davor nicht wie die Ochsen vor dem neuen Tor, es waren ja Esel, verständig wackelten sie mit den langen Ohren.

Das Fest verbreitete sich auf dem Hügel hinter der Schönheitsfarm, ungewiß, wie weit und auf wen alles im Laufe der Nacht und nachfolgenden Tage, vielleicht Wochen und Monate. Die Medien bemächtigten sich der Sache, füllten in nützlicher Konkurrenz ihre Spalten. Der öffentlich-rechtliche

Rundfunk hielt sich raus, so gut es ging; es ging nicht gut: die Redakteurinnen und Redakteure waren begeistert und tanzten mit, bloßfüßig überschritten sie die Allgemeinen Richtlinien für die Programmgestaltung, Programmerstellung und Programmkoordinierung in Hörfunk und Fernsehen, Ziffer 1.3.2.: »Objektivität bedeutet Sachlichkeit unter Vermeidung von Einseitigkeit, von Parteinahme und von Verzerrung der Dimension«.
– Sachlichkeit bedeutet Ruhe bewahren, während die oberen Dummköpfe dein Leben zerstören.
– Vermeidung von Einseitigkeit bedeutet, wenn es um dein Leben geht, nicht so egoistisch sein, sondern für die oben ist auch alles sehr kompliziert.
– Parteinahme, was das bedeutet, ist sowieso klar: daß Parteien nehmen, weiß jeder.
– Verzerrung von Dimensionen heißt, Grimassen schneiden. Wenn wir untergehen, ist's nur eine Kleinigkeit.
Da erwachten Frau T. und der Dr. Grünmandl und verdampften gemeinsam in einem tollen Lichtschein zu gar nichts. Was die Menschen Sternenkrieg nennen, ist aufgeblasener Unsinn, die Sterne sind nach dem Untergang der Menschheit so unberührt wie davor. Die Sonne tönt nach alter Weise in Brudersphären Wettgesang, und ihre vorgeschriebene Reise vollendet sie mit Donnerklang. Kurz, das Fest geht weiter.
P.S.:
Die Eselfarm gibt's bitte wirklich. Anmeldung erbeten beim Autor.

V. WENDE ALLER WENDEN, WELCH WENDE

Immer die Wiederkehr. Des Unzeitgemäßen, Peinlichen, Vernunftwidrigen. Darüber schrieb ich doch schon (»Auf den Klippen des Chaos«, 1992). Nothing left remarkable beneath the visiting moon? Doch. Die Wiederkehr von Religion. Freilich ist auch sie peinlich. Aber doch nicht so, daß man gleich was dagegen sagen muß.

Ja, schon, gegen die Fundamentalisten. Aber Religion kann ja auch moderat sein, die Menschen vernünftig machen statt toll. Eine liberale Religion, ohne Religionsunterricht, mit Empfängnisverhütung und Nutzung überschüssiger Embryonen, soweit es der wissenschaftliche Fortschritt fordert.

Religion kann eine wertvolle oder doch duldbare Beihilfe sein zur Vernunft. Aber *diese* Religion kehrt ja nicht wieder. Sondern die falsche Religion, also die richtige Religion: die tolle Religion. Daß man sich an den Kopf greift, also ins Leere greift. Wie das fassen?

Freilich sind fast alle modernen Waffen der Wissenschaft, auch die allermeisten Atomwaffen – im Lager der Vernunft. Wenn alle Stricke reißen, und jeden Tag reißen welche – könnte das bedrängte Lager der Vernunft einen siegreichen Kreuzzug führen gegen die überhandnehmende Unvernunft.

Die Vernunft könnte sich dadurch als Vernunft erweisen, daß ihr die Überlegenheit innewohnt, die Unvernunft zu besiegen, notfalls mit militärischen Waffen, die ja gleichfalls Produkte der menschlichen Vernunft sind.

Teilsiege dieser Art hat das Lager der Vernunft schon errungen, z.B. im Golfkrieg, auch Teilniederlagen eingesteckt, z.B. in Somalia, aber der Endkampf steht noch aus.

Ist zu ihm, beim zögerlichen, in sich gespaltenen »Westen« die Entschlossenheit da? Sind wir bereit zu jenem schlußendlichen Wüten der Vernunft wider die Unvernunft, durch welches die Vernunft dann endlich zu dem Schluß kommen könnte: »Hoppla, jetzt bin ich, die Vernunft, selber toll geworden.«

Was wir versunken glaubten: Ereignisse, Personen, Gesinnungen – Vergangenheit, gebündelt und geballt, kehrt uns wieder, und was uns wiederkehrt, kehrt sich wider uns. Die Sonne erhebt sich über den Klippen des Chaos.

Herzlich willkommen, Urmutti Chaos! Wir hassen deine Fruchtbarkeit, wir schießen auf dich mit dem Pfitschipfeil des Fortschritts. Wir lassen uns nix gefallen. Wir schalten den Autopiloten ein, der uns ins Nix pilotiert.

Wieso kehrt schon wieder die Religion wieder? Wir hatten sie besiegt durch die Religion, daß die Religion nicht wiederkehrt.

Fortschrittlich ist, wer dem Rad der Wiederkehr in die Speichen greift und laut Au schreit, wenn es sich dennoch weiterdreht.

Immer, wenn die Religion wieder besiegt wurde, kehrt die Religion wieder wieder, bis sie wieder besiegt wurde, bis sie wieder wiederkehrte. Drum auf! Mit jener Tapferkeit, die nur den Erfolglosen eigen ist, kehren wir uns wider die widerlichen Fundamentalisten, die allerorten wiederkehren, im Islam, in Rom und überhaupt.

Nichts wider die Religion, die die Leute ruhig hält. Alles wider die Widerreligion, die die Leute wieder in Bewegung bringt, jene widrige Religion, die die Welt ummodeln will nach ihrem Bild, statt daß wir sie ummodeln wollen nach unserem Bild.

Religion ist Sehnsucht nach dem Unbekannten. Ein armseliger Halt, aber ein schöner. Alles andere ist Pedanterie. Sogar der Zweifel ist uns zweifelhaft geworden, Wissenschaft Sterndeuterei, Astrologie die gewisseste aller Wissenschaften.

Alle Haltegriffe sind glitschig. Kein Halt in der Vergangenheit, kein Halt in der Zukunft – wir fallen in die Zeit wie in ein ungemachtes Bett voll seltsamer Gerüche. Sauber riecht es nicht, erregend schon.

»Nicht von der Zukunft sprechen, Kind. Man soll nichts vorhersagen, für sich nicht und für andere. Nicht für die nächste Minute! Glaub' mir.«

Ich glaub's. Arthur Schnitzler, einer der österreichischen Weltweisen, schrieb's im »Weiten Land«, Tragikomödie einer Vorkriegszeit, wie es die unsere zu werden sich anschickt. No future 1911, noch drei Jahre bis zum Weltkrieg, auf dem Balkan ist schon Krieg. Baudelaire notierte in sein Tagebuch: »Es gibt nur eine wirklich interessante Sache auf der Welt: Religion.«

Heute ist alles ganz anders, nämlich noch mehr so wie damals. Der islamische Fundamentalismus hat besonderen Zulauf auf dem kaputten Globus überall dort, wo die Menschen am elendsten sind. Wenn sie schon nichts zu essen kriegen, kriegen sie ein Fundament. Tischlein deck dich, Esel streck dich, Knüppel aus dem Sack.

Die Lage von Weltgegenden, die im TV vorkommen, verschlechtert sich dramatisch. Noch dramatischer verschlechtert sich die Lage von Weltgegenden, die *nicht* im Fernsehen vorkommen.

Wem's schlecht geht, der entdeckt sein Interesse für Religion. Das ist kein Kunststück. Das ist Egoismus. Gott arbeitet mit allen Mitteln.

»Habt ihr nicht von jenem tollen Menschen gehört, der am hellen Vormittag eine Laterne anzündete, auf den Markt lief und unaufhörlich schrie: Ich suche Gott! Ich suche Gott! – Da dort gerade viele zusammenstanden, welche nicht an Gott glaubten, so erregte er ein großes Gelächter ... Der tolle Mensch sprang unter sie und durchbohrte sie mit seinen Blik-

ken. Wohin ist Gott?, rief er, ich will es euch sagen! Wir haben ihn getötet – ihr und ich! Wir alle sind seine Mörder!«
So vor hundert Jahren der tolle Nietzsche, in seinem Worstseller »Fröhliche Wissenschaft«. Natürlich konnte man Gott nicht töten. Die Wiederkehr der Religion wird das größte Ereignis der heranrasenden Jahrtausendwende. Die Wende aller Wenden.
Dies ist ein Unsachbuch. Zwar bietet es auch spärliche, aber wesentliche Facts and Figures, zollt widerwillig, aber respektvoll Tribut an den angelsächsischen Tatsachen-und-Ziffern-Tick. Im übrigen ist es streng unobjektiv. Es handelt von Subjekten: Menschen, die Sehnsucht haben, aber keine Erfüllung. Das ist der Grund, aus dem Religion wiederkehrt, wenn sie zeitweilig vertrieben wurde.
Streng unobjektiv, also subjektiv; aber dieses Gegenteil enthält Seltsames: »Subjekt«, beim Wort genommen, ist das »Unterworfene«. Wem bin ich unterworfen?
Das Subjekt: Einzelner, Individuum – ist die Glorie des Westens, aller Bürger- und Menschenrechte Träger und Ziel. Im Namen steckt die Spur seiner Herkunft: »Subjekt«, Untertan, einst des Fürsten, einst Gottes. Aber jetzt sind wir befreit!! Sind *wir* befreit? *Jetzt* befreit? – ausgerechnet jetzt, da die Welt glitzert von Unheil?
Hier wird von Gott geredet; möglichst dezent, um irreligiöse Gefühle nicht zu verletzen; möglichst witzig, um Gelangweilte nicht zusätzlich zu langweilen. Es ist kein frommes Buch, außer durch häufigen Grenzübergang zur Blasphemie. Wer Gott richtig lästert, ist auch richtig fromm – hoffe ich.
Gott ist gemein; er benützt die Irreligiösen für seine Zwecke, die unerkennbar sind, aber hinterlistig. Die Irreligiösen sind die nützlichen Idioten Gottes. Sie sind gebildet, informiert, fast alle lesen den »Spiegel«. Vielleicht gibt's auch ungebildete Irreligiöse. Aber die gebildeten sind die ärgsten.

Reichlich Stoff in dieser gotteslästerlichen Zeit für eine Wiederkehr von Religion aus Gotteslästerung. Von der Religion über die Gotteslästerung zurück zur Religion – der Fortschritt fährt Ringelspiel.
Die besten Religionslehrer sind die Atheisten. Nur gibt es leider Atheisten, die was taugen, so selten wie Religionslehrer, die was taugen. Alles fade: keine Christen mehr, die ordentlich glühend an Gott glauben; keine Atheisten mehr, die ordentlich glühend *nicht* an Gott glauben.
So lange es keine glühenden Atheisten mehr gibt, wird es auch keine glühenden Christen geben. Es gibt nur noch den Herrn Deschner, Respekt, Respekt; aber *ein* Deschner reicht halt nicht für Wiederbelebung des Christentums.
Ich bleibe trotzdem bei meiner Ahnung, daß die Religion wiederkehrt. Bei den schrecklichen Muslimen sollten wir uns bedanken. Sie zeigen, außer daß sie schrecklich sind, daß Wiederkehr von Religion möglich ist.
Und wenn ich schon beim Danken für Schreckliches bin, danke ich gleich auch den Sekten, Esoterikern und der sonstigen Aberglauben-Szene. Auch diese Szene zeigt, na dankeschön, daß die Sehnsucht nach Religion nicht tot ist im Homo idioticus modernus.
Die Kirchen sollten, statt Sektenbeauftragte, glühende Christen haben, glühend positive – dann werden die Sektenbeauftragten überflüssig, weil die Sekten überflüssig werden. Der Mensch ist ein religiöses Tier. Kriegt er keinen Glauben, nimmt er Aberglauben. »Der Aberglaube ist immer noch besser als gar kein Glaube«, sagt goldrichtig der begabte Hobbytheologe Nestroy.
Soviel Chaos gab's noch nie. Soviel Macht gab's noch nie. Gleichläufig mit der Fülle des Chaos wächst die Fülle der Macht, und bremst doch das Chaos nicht, sondern stellt vor die Frage: wie bremsen wir Macht? Nichts noch erfunden:

nicht Bremsung des Chaos, nicht Bremsung der Macht, das schon gar nicht.

Wo Chaos ist, muß Macht gegenwirken. Aber wo Macht gegenwirkt, ist dennoch Chaos. Und wo ist Freiheit? Im Chaos nicht – es überwächst beide, Chaos-Liebhaber und Chaos-Bekämpfer. Und in der Macht nicht – sie überwächst beide, Ohnmächtige und Machthaber. Carl Schmitt, rechts und zeitweilig Hitler-Fan, schrieb in der »Zeit« (29.7. 1954):

»Die Macht der modernen Vernichtungsmittel übersteigt die Kraft der menschlichen Individuen, die sie erfinden und zur Anwendung bringen …« – Der Mensch wird, setzt Schmitt fort, »eine Prothese, ein Teil der technischen und sozialen Apparatur … Die Macht des individuellen Machthabers ist hier nur noch die Ausschwitzung einer Situation …«

»Ausschwitzung«: ich bin einer, der am Wort klebt und dabei an Sigmund Freud denkt. Rutschte da »Auschwitz« aus dem Unbewußten des alten Nazi Carl Schmitt?

Aber ich will nicht ungerecht sein. Erstens hat Karl Marx das Obzitierte schon besser gesagt (Schmitt wirkt oft wie ein Marx von rechts). Zweitens ist wichtiger als berechtigte Rankünе der Hinweis, daß hier der Machtanbeter Schmitt, ein großer Schriftsteller, lern- und wendefähig, zum zitiernützlichen Machtkritiker avanciert:

»Noch weit mehr als die Technik ist die Macht den Menschen aus der Hand geglitten … Die Menschenmassen, die sich der Wirkung moderner Massenvernichtungsmittel machtlos ausgesetzt fühlen, wissen vor allem, daß sie ohnmächtig sind. Die Wirklichkeit der Macht geht über die Wirklichkeit des Menschen hinweg.«

Und was hätten wir dagegen anzubieten? Zunächst nackte Empirie: die Geschichte kennt keine schlechthin dauerhafte Macht. »Am Grunde der Moldau da gehen die Steine, es liegen begraben drei Kaiser in Prag. Das Große bleibt groß nicht

und klein nicht das Kleine, die Nacht hat zwölf Stunden, dann kommt schon der Tag« – singt Brechts Schwejk.
Die Nacht kann auch zwölf Jahre dauern, der Tag kommt spät.
Geduld, Machtlose, euch bleibt die Tröstung durch Boshaftigkeit: die Machtlosen bleiben machtlos, aber die Mächtigen werden gleichfalls machtlos.
Aktive Tröstung: gegen Macht wendet sich Gegenmacht, sie siegt und entartet – und mündet ein in die passive Tröstung: auch die siegreiche, entartete Gegenmacht unterliegt dem Gesetz aller Macht, daß sie nicht dauert, sondern irgendeinmal stürzt. Wer mehr Tröstung braucht, braucht Religion.
Wer nicht kampflos resignieren will – wird sich Bewegungen anschließen, die Gegenmacht aufbauen; wer nicht kampflos resignieren will, wenn aufgebaute, siegreich gewordene Gegenmacht entartet zu Macht schlechthin – wird sich der nächsten Welle von Bewegung anschließen gegen Macht und für Aufbau von Gegenmacht. Tapfer läuft das Gegenmacht-Eichhörnchen in der Trommel der Macht.
Leichter läuft das Eichhörnchen in der Trommel, wenn es religiös ist. Es hat's schwer genug; man soll's ihm gönnen: Gott ist der Spielmacher der Geschichte.
Die Macht des modernen Menschen, der Wunderwerke vollbringt und Wundergreuel, setzt sich wunderlich zusammen aus der Ohnmacht der Ohnmächtigen und aus der Macht der Mächtigen, die ihrerseits so ziemlich ohnmächtig sind, gefangen in der Machtmaschine, die sich selbständig gemacht hat – sich mächtig dahindreht, Maschine aller Maschinen, und die Machthaber zu ihren ohnmächtigen Anhängseln herabwürdigt.
Erst ist »der Mensch« desto religiöser, je ohnmächtiger er ist gegenüber der Natur; dann wird er mächtiger über die Natur und desto irreligiöser; dann sieht er inmitten seiner Macht

seine Ohnmacht – das ist die Stunde der Religion.
Wer an Gott glaubt, ist ein Esel. Gott ist ein Esel. Das ist auf den ersten Blick blasphemisch, auf den zweiten Blick fromm. Wiederkehr von Religion aus Dummheit, Einfalt, Demut.
Ich habe mich bemüht, möglichst beweislos und kindisch zu sein; wahrscheinlich ist es mir gelungen. Mythos, Sexualität und Tiere spielen bei mir eine unverhältnismäßige Rolle. Zumal der Esel. In Nietzsches »Eselsfest« (IV. Teil des »Zarathustra«) bleibt der Esel übrig als einziges Subjekt und Objekt der Anbetung Gottes.
Der Esel war zu mancherlei Zeiten bei mancherlei Völkern ein heiliges Tier. Jetzt kehrt er wieder. Heiliger Esel, bitte für uns.

VI. KIRCHLICHE ENERGIE, WELCH ENTZÜCKEN

»Meine Damen und Herren«, sagte der Vorstandsvorsitzende des großen Energieversorgungsunternehmens auf der Generalversammlung, »wir stehen vor einer bedrohlichen Entwicklung. Die einst stürmischen Zuwächse des weltweiten Primärenergieverbrauches werden von Jahr zu Jahr geringer. In absolute Ziffern mag ja der Weltenergieverbrauch noch steigen. Aber entscheidend sind die Zuwachsraten. Und die fielen seit Anfang der Neunziger Jahre im Jahresschnitt schon auf eine Null vor dem Komma.
Eine Umkehr dieses für die energie-erzeugende Industrie beklagenswerten Trends ist nicht zu erwarten. Durch neueste Technologie wird der Verbrauch weiterhin tendenziell sinken. Ältere Kühlschränke benötigen bei 24-Stunden-Kühlung im Haushalt und Gewerbe 0,98 kWh, neuere Modelle 0,12; ein Sparpotential von 88%. Bei anderen Geräten ist die Einspa-

rung nicht so drastisch; sie liegt aber bei Haushaltsgeräten gesamthaft bei 37% (Studie Sakulin/Dell, Technische Universität Graz, 1991/93).
›Pacific Gas and Electric‹, das größte Energieversorgungsunternehmen der USA, plante noch 1984 zwanzig neue Kraftwerke. Jetzt bauen sie gar keines mehr. 3/4 der zusätzlich benötigten Energie kommt aus Einsparungen bei den Kunden.
Eine 18-Watt-Sparlampe leuchtet so hell wie eine herkömmliche 75-Watt-Lampe. In den 10000 Stunden ihrer Lebensdauer spart sie 570 kWh. Das ist eine Tonne CO_2 im kalorischen Kraftwerk oder 25 Milligramm im Atomkraftwerk. Ferner spart sie 20 Dollar bei der Produktion, nochmals 20 Dollar bei der Primärenergie im Kraftwerk und 200 bis 300 Dollar durch das Überflüssigwerden neuer Kraftwerke. Eine einzige Sparlampe!
Vielleicht wird sich die Weltbevölkerung verdoppeln in den nächsten 50 bis 100 Jahren, aber die Energie-Effizienz läßt sich verfünffachen (Amory Lovins, Alternativ-Nobelpreisträger 1994).
›Von der Megatonne zur Negatonne‹, nennt es Lovins.
In den EU-Staaten, geplagt von Arbeitslosigkeit, könnten die sehr arbeitsintensiven Maßnahmen zum Einsparen von Energie in Wohngebäuden 5 Millionen Menschen 7 Jahre lang Arbeit geben (EU-Umweltkommissar Yannis Paleokrassas, Dezember 1993).«
Das ist nur ein kleiner Ausschnitt. Noch viele andere Ziffern und Fakten zitierte der Vorstandsvorsitzende des EVU seinen Generalversammelten, die das zum Gutteil ohnehin schon wußten oder ahnten.
»Schluß mit dem Ziffernsalat«, rief ein aufgeklärter Teilnehmer, »wir müssen uns eben umstellen, mit Energiesparen ist mehr zu verdienen als mit Kraftwerkbauen, das weiß doch auch schon jeder, außer wir von der E-Industrie.«

Da sprang der Vorstandsvorsitzende auf und schrie: *»Kirchliche Energie«*.
Im Saal wurde es sekundenlang still. Keiner wußte, was er meinte. War er übergeschnappt?
Er schwenkte ein Papier in seiner Hand und las ein bißchen draus vor. »Iserlohner Erklärung der Evangelischen Akademien in Deutschland E. V., Klimawende und kultureller Wandel, Bad Boll, März 1995.«
Das klang beruhigend. Wenn's von der Kirche kam, konnte es nichts Radikales sein. »Der Himmel ist nicht grenzenlos geduldig«, hieß es in dem Papier. Drum wolle man in allen Institutionen der Kirche Energie sparen, in Gebäuden seien 70–90% drin, bei Geräten 30–70%.
Durch Sparen im Energieverbrauch die Klimawende einbremsen – dazu sei auch eine *geistige* Klimawende nötig.
Aus dem frommen Papier von Iserlohn zitierte der Vorstandsvorsitzende:
Wohnkultur: Bescheidenheit in Ausstattung und Raumbedarf.
Mobilitätskultur: Weniger Autofahren, mehr sonstige Bewegung.
Eßkultur: Weniger Fleisch, mehr Bio. Beides spart Energie.
Freizeitkultur: In die Nähe statt in die Ferne schweifen.
Kommunikationskultur: Weniger ist mehr, bei Papier wie bei Computern. –
Wer will das nicht loben. Ganz wunderbar. Aber reicht es? Der heilige Geist weht bekanntlich, wo er will. Und er schien nun über den Vorstandsvorsitzenden zu kommen.
»Kirchliche Energie« – schrie er nochmals und ganz laut.
Statt die Generalversammlung zu schließen, sie dauerte schon lange genug, fing er jetzt erst richtig an.
»Meine Damen und Herren, wissen Sie überhaupt, was ENERGEIA ist?« – Sie waren Aktionäre eines Energiever-

sorgungsunternehmens, genau darum wußten sie's nicht. »Sie glauben wohl«, rief er strafend, »der Strom kommt aus der Steckdose. Einen Schmarrn«, rief er, er war ein Bayer und offenkundig außer Kontrolle. »Sie irren sich, die ENERGEIA kommt nicht aus der Steckdose!« – Fiebrig griff er nach dicken Büchern, die er vor sich getürmt hatte.
»Ich beziehe mich, meine sehr geehrten Damen und Herren, auf meinen verehrten Vorgänger, den Energiefachmann der frühen Kirche, Apostel Paulus. ›Energie‹ war sein Lieblingswort.
HO THEOS GAR ESTIN HO ENERGON EN HYMIN: Gott ist der Energiespender in uns – Brief des heiligen Paulus an die Philipper, 2/13.
ENERGOS: bei Aristoteles insbesondere von geistiger Tätigkeit – W. Pape, Griechisch-deutsches Wörterbuch, 1842.
ENERGAZOMAI EN OIKEMATI: häusliche Energie entfalten; daheim im Hause das Geschäft oder Wesen treiben, insbesondere von Buhldirnen. – G. E. Benseler, Griechisch-deutsches Schulwörterbuch, 1858.
ENERGEIA: im paulinischen Sprachgebrauch für heilsökonomische Bethätigung der göttlichen Kraft in der christlichen Gemeinde. – H. Cremer, Biblisch-theologisches Wörterbuch der Neutestamentlichen Gräcität, 1883.«
Der Vorstandsvorsitzende des großen Energieversorgungsunternehmens hatte schneller und schneller gesprochen, als wüßte er, daß ihm nur noch wenig Zeit blieb. Tatsächlich schritt die Generalversammlung tumultuös zur Wahl eines neuen Vorstandsvorsitzenden nach Absetzung des bisherigen wegen geistiger Verwirrung.
Zum künstlerischen Abschluß der Generalversammlung erklang der Walzer »An der schönen blauen Donau«. Das paßte besser, als die E-Menschen selber wußten. Der Donauwalzer hatte ursprünglich einen anderen Text, geschrieben 1867 für

ein Fest, auf dem erstmals in Wien elektrische Glühlampen leuchteten.
Der Text begann: *»Elektrizität, -zität, zität«.*
Wie es sich in der freien Wirtschaft gehört, für die bekanntlich Kartelle aller Art ein Greuel sind – wurde das Energiemonopol des lieben Gottes energisch zerschlagen. Allein auf den rund tausend Kilometern der Donau, vom deutschen Ursprung bis zur österreichischen Grenze gegen die Slowakei, wurden 58 Kraftwerke errichtet, alle 17 Kilometer eines.
Als nach dem 58. ein 59., 60., 61. usw. Kraftwerk gebaut werden sollte, und nach dem 158. Kraftwerk eine zweite Donau neben der ersten gebaut wurde und nach dem 258. Kraftwerk eine dritte Donau neben der zweiten – ging der liebe Gott vors Kartellamt, und als ihm dies nichts half, gründete er eine überparteiliche Vereinigte Bürgerinitiative, aus 258 Bürgerinitiativen entlang der drei Donaus.
Das half. Alle Donaus wurden rückgebaut, alle Kraftwerke demontiert.
Der Vorstandsvorsitzende der Vereinigten Bürgerinitiative – kein anderer als der ehemalige Vorstandsvorsitzende des großen Energieversorgungsunternehmens – verkündete auf der Abschlußkundgebung:
»Hohe und höchste Technologie heißt: wir kommen mit weniger und immer weniger technischer Energie aus. Naturzerstörung ist unnötig. Zerstörte Natur wollen wir wieder herstellen. Energie soll wieder werden, was sie im Wortsinn ist: eine geistige, eine göttliche Wirkkraft. Dann wird der Satz wahr, den 1790 der große englische Maler William Blake schrieb: Energie ist ewiges Entzücken.«
Die vereinigten Bürgerinitiativler und Retter des Donaustromes, zusammengeströmt auf der großen Festwiese – aus Deutschland, Österreich, der Slowakei, Ungarn, Ex-Jugoslawien, Rumänien, Bulgarien – sie klatschten, schrien, hüpften,

tanzten, und mit Recht. Sie hatten einen großen Sieg zu feiern. Aber ihr Vorsitzender war ein gründlicher Mann, er war noch nicht zu Ende. Noch einmal ergriff er das Wort.

»Liebe Freundinnen und Freunde, immer mehr Energie führt zu immer mehr Zerstörung. Immer mehr ENERGEIA führt zu immer mehr Aufschwung. Energie ist Katastrophe, ENERGEIA ist Apokatastasis: Wiederbringung dessen, was unterging. Energie ist Opium des Konsumidummis, ENERGEIA ist geistige Speise, Kraftfutter des weisen Menschen, des wahren Homo sapiens.

ENERGEIA ist kirchliche Energie im Wortsinn: Wirkkraft auf die Gemeinde, griechisch EKKLESIA, später dann: Kirche.

ENERGEIA, schrieb der große Blake, ist ewiges Entzücken. Nehmen Sie auch dieses Wort beim Wortsinn: Entzücken ist Entreißung, Weg- und Hinreißung, Raptus, Ekstase. ENERGEIA ist ein anderes Opium als jenes der Trägheit und Resignation.

Mehr Opium, Herr!«

Damit schloß er plötzlich. Unter den vereinigten Bürgerinitiativlern auf der großen Festwiese blieb es sekundenlang still. Keiner wußte, was er meint. War er übergeschnappt?

Der Vorsitzende der vereinigten Bürgerinitiativen hatte schneller und schneller gesprochen, als wüßte er, daß ihm nur noch wenig Zeit blieb. Tatsächlich schritten die Bürgerinitiativler tumultuös zur Wahl eines neuen Vorsitzenden, nach Absetzung des bisherigen wegen geistiger Verwirrung.

Über dieses Buch. (K)ein Schlußwort

Schreiben ist (m)eine eigentümliche Form von Leben. Schreiben ist eine eigentümlich zähe Form von Leben. Schreiben kann man bis zuletzt; so will ich's tun, mit Gottes Hilfe. Erinnerung an Günter Anders. Als ihm die Ärzte sagten, im Spital, völlige Ruhe brauche er, leistete er Widerstand. Er schrieb weiter, auf kleinen Zetteln. Wegen der verkrümmten und steifen Finger erfand er eine eigene Haltung für den Bleistift und eine eigene Schrift, eine Art Druckschriftkursive. So schrieb er bis zuletzt. Bis fast zuletzt. Leben als Schreiben bis fast zuletzt. Das Fast ist die Spanne zwischen Eben-doch-nicht-mehr-schreiben-können und dem Tod. Ein noch zu erforschendes Fast.
Schreiben ist Schreiben über ein Nichts, in welchem un(er)zählbare Gestalten wimmeln. Schreiben beginnt mit nichts und endet mit nichts. Wenn ein Buch fertig ist, liegt seine Nichtfertigkeit zu Tage. Schreiben, schreiben, und schon mußt du aufhören, es sind genug Seiten gemäß Vertrag, du mußt abliefern. Mein Gedächtnis ist schlecht, was steht eigentlich in dem Buch?
Ach ja, Gott soll zurückkommen. Komm zurück, lieber Gott. Eine Weinerlichkeit. Nicht wir haben Gott verlassen, sondern er uns. Wenn einer was ganz falsch macht, sagte man in Österreich: »Du bist von Gott verlassen.« – Nicht etwa, was theologisch korrekt wäre: »Du hast Gott verlassen.«

Daß wir uns von Gott zurückziehen, ist weniger fürchterlich, als daß Gott sich von uns zurückzieht. Aber ich will drüber nicht streiten.

Es helfen nur mehr die stärksten Mittel. Gotteslästerung; Sinnlichkeit; Bilder und Geschichten; Dummheit. Auf diese vier Wege zu Gott sollte das Buch hinauslaufen. Es helfen nicht:

Die alten lächerlichen, die alten ehrwürdigen Forme(l)n des Glaubens. Man kann sie nicht wieder in die(se) Welt bringen. Nichts Altes kehrt zurück in alter Form. Dazu ist die Moderne zu stark, außer platt und gemein auch verborgen neu.

Es helfen zweitens nicht: Die läppischen Nachlaufversuche, die bestgemeinten Nachlaufversuche hinter der so geschwind laufenden Moderne. Die Moderne ein- und überholen werden Modernisten erst in dem Augenblick, in welchem die Moderne stirbt. Jetzt. Bis alle Ministrantinnen ministrieren; bis alle Priesterinnen priestern; bis alle Priester heiraten, sich scheiden lassen, sich wiederverheiraten, sich wiederscheiden lassen; bis alle Heteros Homos werden und alle Homos wieder Heteros; bis alle Glaubenswahrheiten durchpsychologisiert sind, durchsoziologisiert, durchpolitisiert – genau zu diesem Zeitpunkt werden alle -ologien zum Teufel gegangen sein, wo sie herkommen.

Dieses Her und dieses Hin halte ich für positiv. Es hilft den Christen, Christen zu werden.

Ein neuer Kulturkampf ist unterwegs, unvergleichlich jenem, den die Nazis führten, viel eher vergleichlich jenem, den im 19. Jahrhundert die Liberalen führten. Auch er hilft der Kirche, Kirche zu werden (Ekklesia, Volksversammlung).

Der neue Kulturkampf dient einem den Kämpfern verborgenen Zweck. Lächerlich, wie sie ist, die Kirche in der modernen Welt, ist sie die letzte Institution, die stur unmoderne Welt darbietet, unverträglich mit den modernen Abgöttern.

Die Kirche, häßlich wie sie ist, ist das letzte Hindernis für Welthandel, Weltkonsum, Weltglück. Die Kirche, hilflos wie sie ist, ist das letzte Bollwerk gegen den Kapitalismus.
Klingt blöd, ist es vielleicht, hier steht's. Es muß nicht alles zu Ende getalkt werden.
Kulturkampf ist mega-in. Wenn oder ob Kardinäle es mit Knaben treiben – das interessiert, und nicht daß der Wald stirbt, das Klima verdirbt. Kann die Ökologie in der Welt erst siegen über die Päderastie?
Helfen meine Mittel? Ich weiß es nicht. Dies ändert nichts daran, daß ich sie ausbreite, mich ihrer freue.
Gotteslästerung. Die modernste, stärkste Nähe zu Gott. Sie handelt schon von ihm, nur verkehrt herum. Auch kann der Moderne nichts behandeln ohne Ironie. Das Ernste hält sein feiner Geschmack nicht aus. Sinnlichkeit. Zärtlichkeit. Orgasmus, Perversion, Keuschheit – öffnen die versperrten Türen zur Hinter-, Ober-, Unterwelt. Sinnlich und heilig, merk's Kirche, sind fast identisch.
Bilder und Geschichten. Sie erzählen das Unerzählbare. Die Theologie stottert, die Bilder reden endlos.
Dummheit. Erkennen, daß wir Esel sind. Uns an den langen Ohren fassen. A-, B-, C-, Demut.
Ja, von alledem sollte dieses Buch handeln; oder spätest das nächste.

Namenregister

Sachregister